Juliane Barten

Arbeitsblätter Landtechnik 2

281 Abbildungen
6 Tabellen

2., aktualisierte Auflage

Die in diesem Buch enthaltenen Empfehlungen und Angaben sind von der Autorin mit größter Sorgfalt zusammengestellt und geprüft worden. Eine Garantie für die Richtigkeit der Angaben kann aber nicht gegeben werden. Autorin und Verlag übernehmen keine Haftung für Schäden und Unfälle. Bitte setzen Sie bei der Anwendung der in diesem Buch enthaltenen Empfehlungen Ihr persönliches Urteilsvermögen ein.
Der Verlag Eugen Ulmer ist nicht verantwortlich für die Inhalte der im Buch genannten Websites.

Abbildungsverzeichnis:

Flubacher, Helmut: S. 96, 99
Piestricow, Artur: Vorlage für Titelbild, S. 4, 44, 50, 51, 71, 83
Die übrigen Abbildungen stammen aus dem Archiv des Ulmer Verlages.

Lösungsheft: ISBN: 978-3-8186-1344-0, als e-book erhältlich

Bibliografische Information der Deutschen Nationalbibliothek
Die Deutsche Nationalbibliothek verzeichnet diese Publikation in der Deutschen Nationalbibliografie; detaillierte bibliografische Daten sind im Internet über http://dnb.d-nb.de abrufbar.

Wollgrasweg 41, 70599 Stuttgart (Hohenheim)
E-Mail: info@ulmer.de
Internet: www.ulmer.de
Lektorat: Pia Fehrenbach
Herstellung: Stephanie Haun
Umschlagentwurf: Atelier Reichert, Stuttgart
Satz: r&p digitale medien, Echterdingen
Reproduktion: timeRay Visualisierungen, Jettingen
Druck und Bindung: Pustet, Regensburg
Printed in Germany

ISBN 978-3-8186-1178-1

Bodenbearbeitung

Grundbodenbearbeitung

Grubber

Ordnen Sie die Begriffe zu:

Grundrahmen	Zinkenabstand	Grubberzinken	Nachlaufgerät
Rahmenhöhe	Strichabstand	Grubberschar	Einsatzbereich
Arbeitsbreite	Reihenabstand	Stützrad	

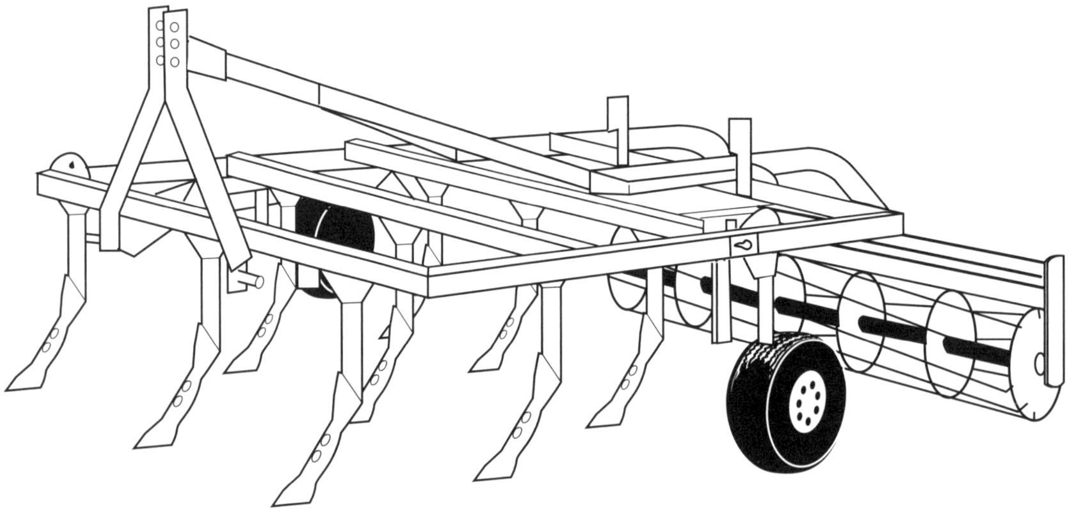

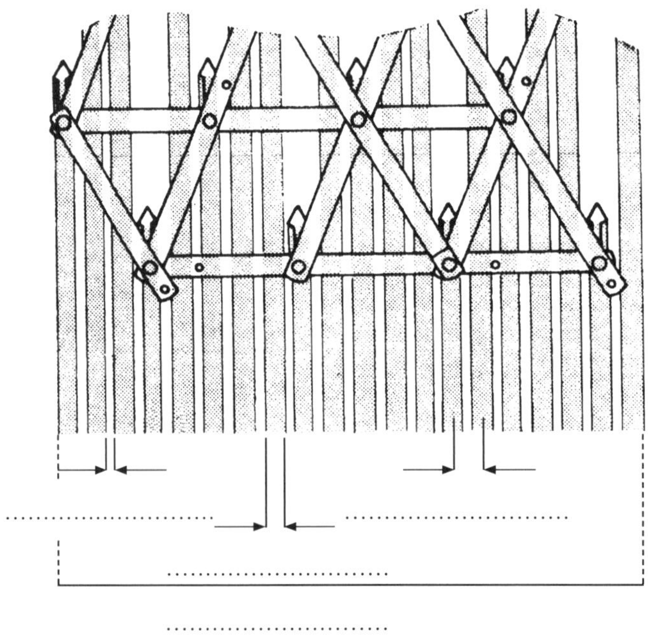

Einsatzbereich .... Strichabstand ....

Arbeitsbreite .... Rahmenhöhe ....

Grubber sind die ältesten Bodenbearbeitungsgeräte.

Bezeichnen Sie die verschiedenen Zinkenformen und geben Sie ihre Einsatzgebiete an.

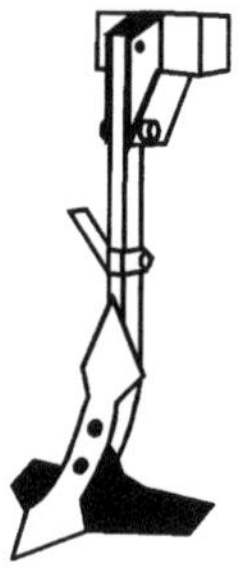

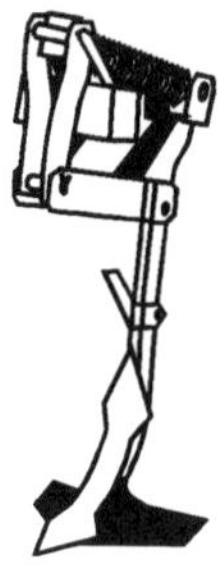

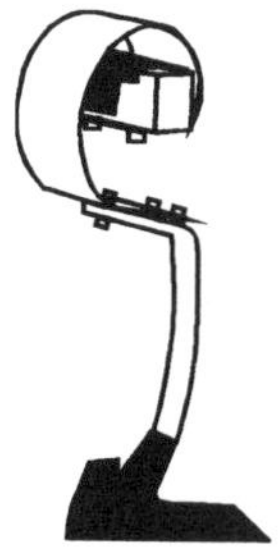

....

....

....

Als Arbeitswerkzeuge des Grubbers dienen ....

Ordnen Sie die Scharformen den Abbildungen zu und geben Sie die Einsatzbereiche an.

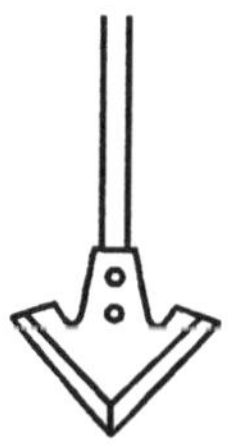

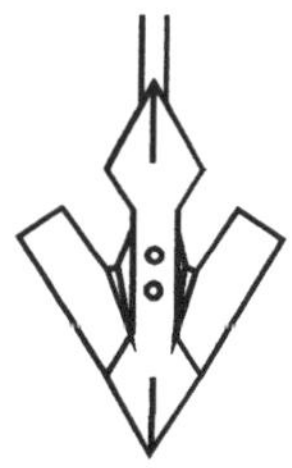

Scharform: ....

Einsatzbereich: ....

Grubber werden heute in Kombination mit anderen Geräten eingesetzt. Die Aufgaben dieser Geräte sind:

a) ....

b) ....

c) ....

Der entscheidende Vorteil einer Gerätekombination ist ....

Sekundärbodenbearbeitung

Die Arbeitstiefe der Sekundärbodenbearbeitung liegt in der Regel bei 10 cm. Sie dient dem vornehmlichen Zweck der

.... Die Aufgabe der Geräte besteht darin, den Boden ....

....

....

Die Bodenbearbeitungsgeräte werden dabei unterschieden in .... und in ....

.... Geräte.

Zinkenegge, Scheibenegge, Wälzegge und Walze werden ....

Rotoregge, Rüttelegge, Kreiselegge und Taumelegge hingegen sind .... Geräte.

Bodenlockernde Geräte

Bezeichnen Sie die abgebildeten Pflugfolgegeräte und vergleichen Sie diese:

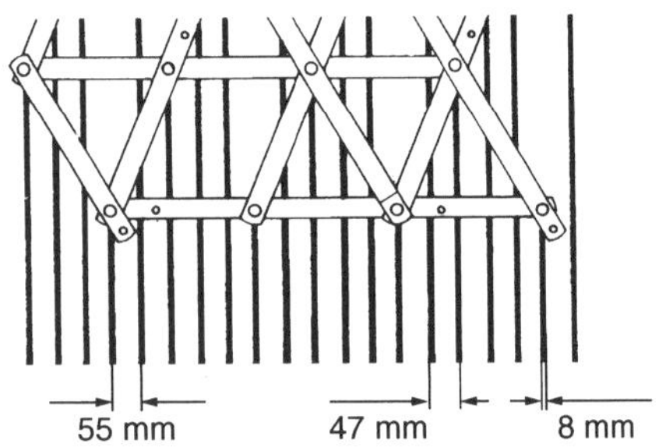

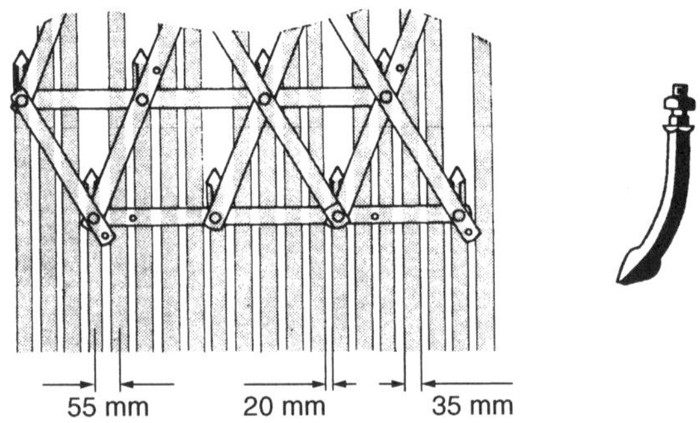

a) ....

b) ....

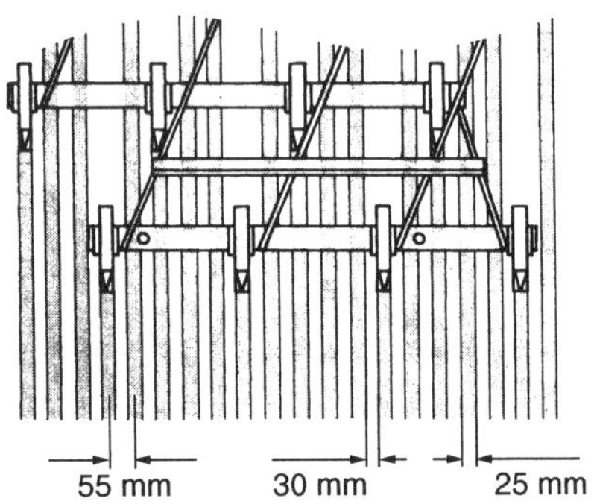

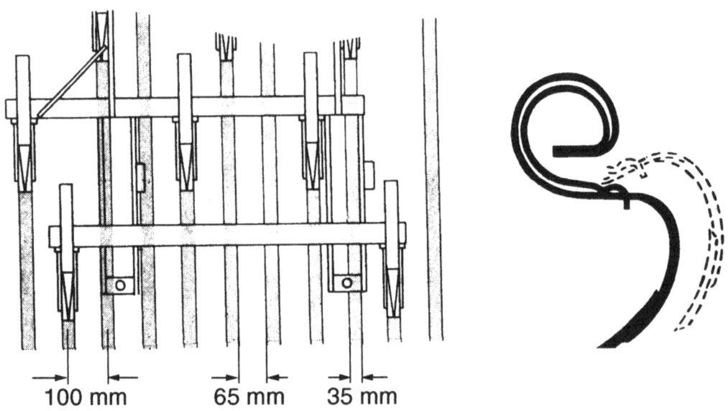

c) ....

d) ....

Arbeitstiefe (cm)	Zinkenabstand (cm)	Einsatz
a)	....	....
b)	....	....
c)	....	....
d)	....	....

Urteilen Sie über die gleichmäßige Tiefenbearbeitung.

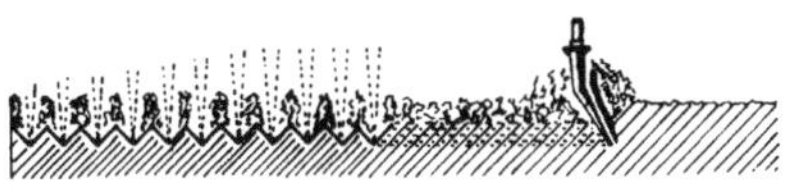

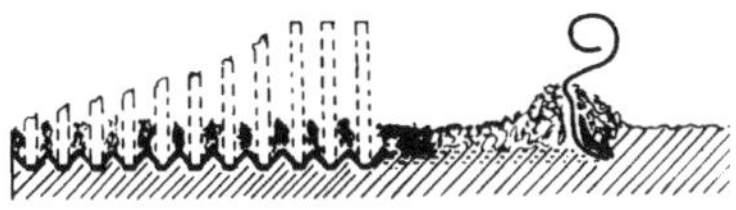

....

....

....

....

Bodenlockernde Geräte werden gern mit Krümelwalzen kombiniert.

Welche Vorteile haben diese Kombinationen?

....

....

....

....

Bodenfestigende Geräte

Bezeichnen Sie die Bauarten.

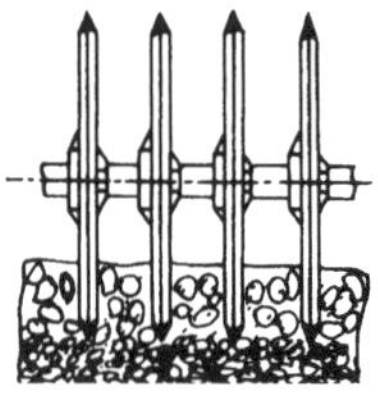

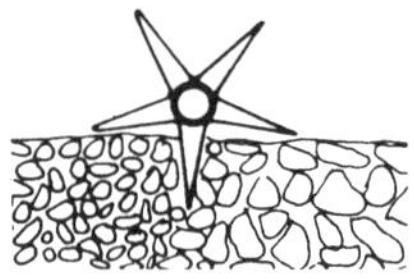

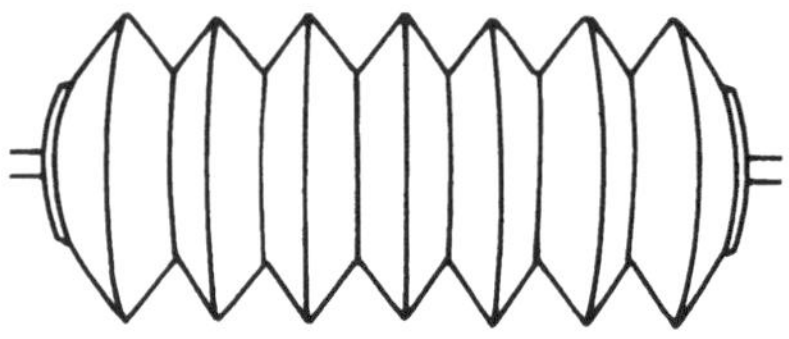

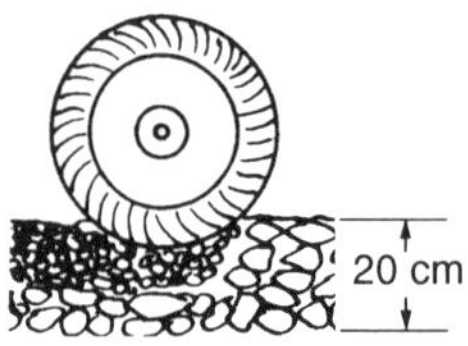

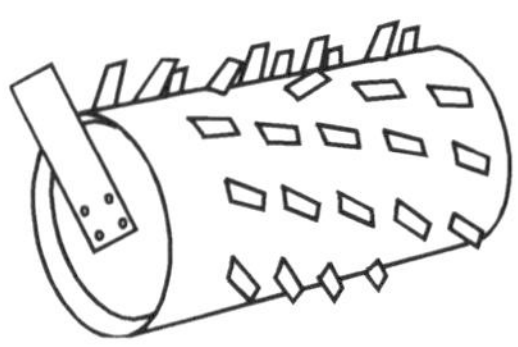

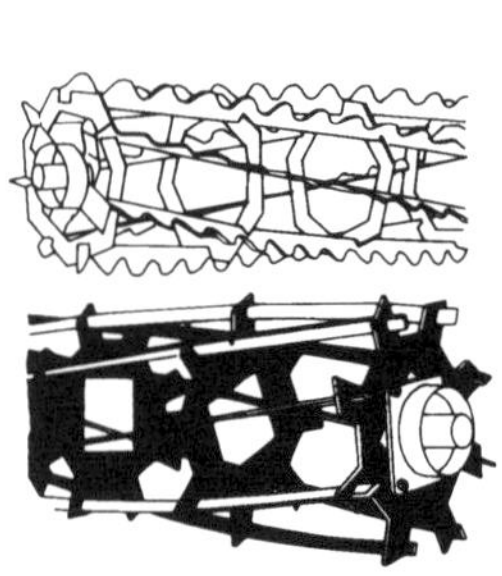

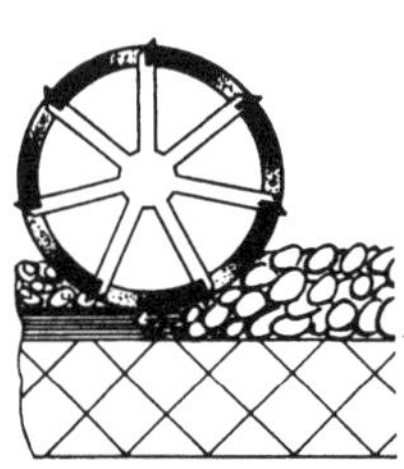

Berichten Sie über Wirkungsweise, Tiefen- und Krümelwirkung sowie Anwendung der Geräte.

Zapfwellengetriebene Bodenbearbeitungsgeräte

Neben den gezogenen Bodenbearbeitungsgeräten gibt es noch zapfwellengetriebene Geräte.
Welche Bedeutung haben diese?

....

....

....

....

Benennen Sie die Eggen und unterscheiden Sie deren Arbeitsweise.

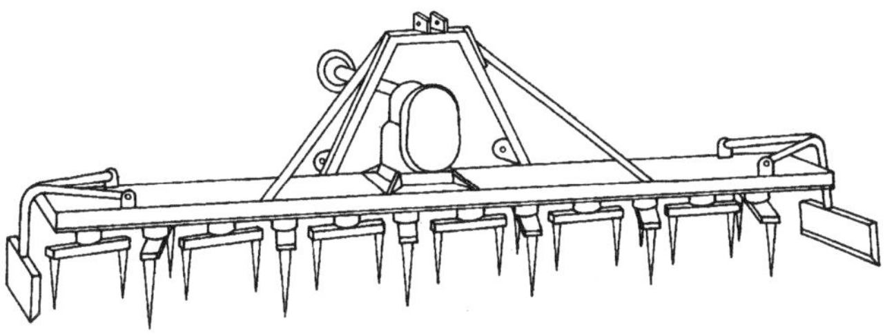

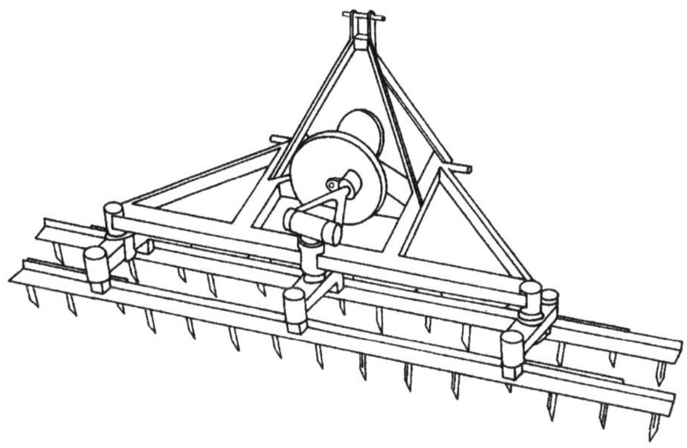

Ergänzen Sie die Tabelle:

Gerät	Arbeitstiefe (cm)	Günstige Vorfahrt (km / h)	Erforderliche Motorleistung (kW / m AB)	Arbeitszeit-Bedarf bei 2,5 m AB (AKh / ha)	Flächen-Leistung bei 2,5 m AB (ha / h)
....	....	....	10 – 15	1 – 1,3	....
....	....	....	15 – 20	1 – 1,3	....
....	....	....	15 – 20	ca. 0,8	....

Von welchen Faktoren hängt die Arbeitsintensität ab?

....

....

....

Die Drehzahl der Kreiselrotoren kann zusätzlich durch ein .... und durch einen .... verändert werden.

Welche Bedeutung haben die unterschiedlichen Rotordrehzahlen.

....

....

....

Die Geschwindigkeit der Zinkenarme bei der Rüttelegge kann ähnlich der Kreiselegge verändert werden.
Was ist beim Anbau der zapfwellengetriebenen Eggen zu beachten?

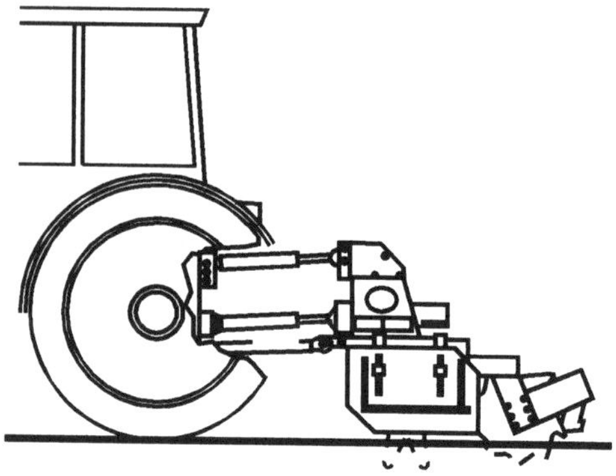

....

....

....

....

....

Vergleichen Sie starre und zapfwellengetriebene Eggen.

....

....

....

Zinkrotor und Bodenfräse

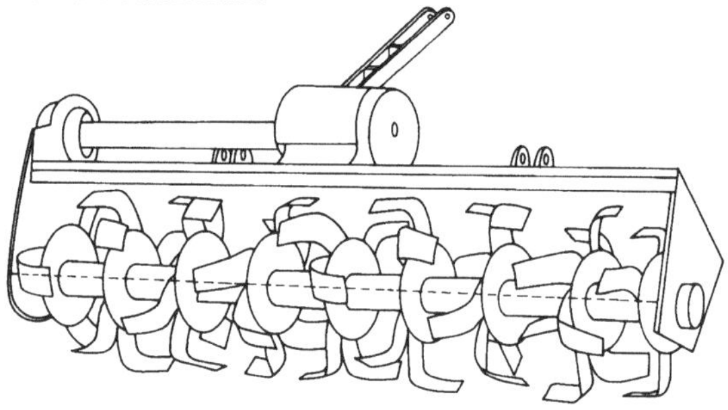

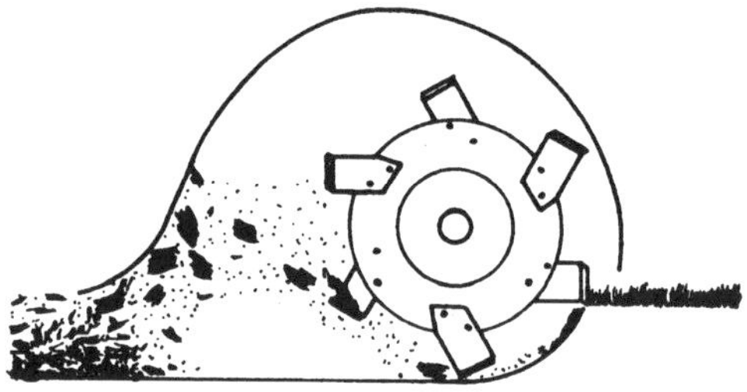

Berichten Sie über die Arbeitsweise der Fräse.

....

....

....

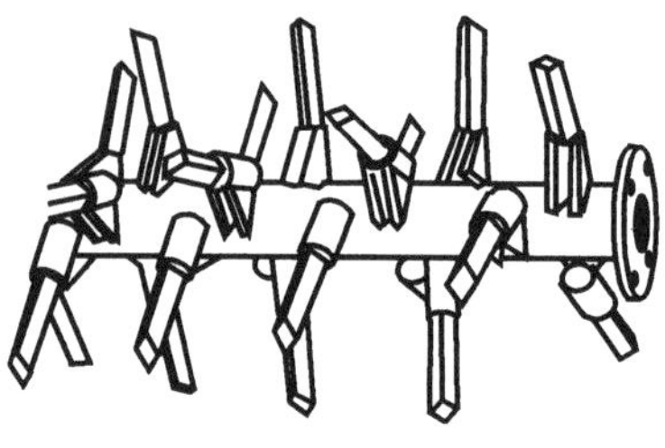

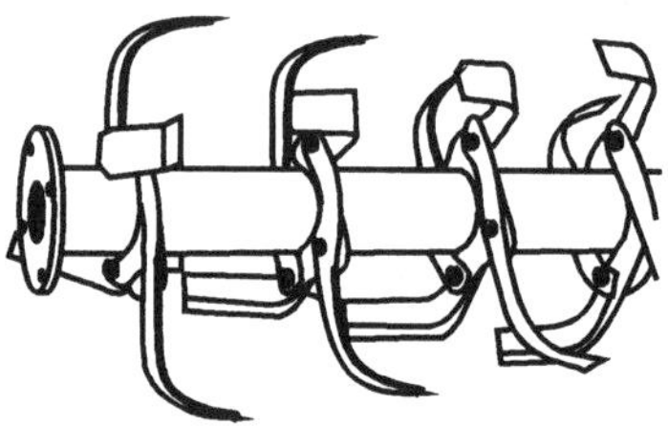

Je nach Form der Hackmesser wird unterschieden zwischen .... und

....

Der .... ist besonders für .... Böden geeignet, während die ....

eine bessere .... erzielt.

Verändern lassen sich die Drehzahlen der Rotorwelle über

a) ....

b) ....

Die Krümelung hängt ab von der Zahl der Einschläge je m^2. Die Einschläge wiederum werden bestimmt von:

a) ....

b) ....

c) ....

Eine .... Fahrgeschwindigkeit bei .... Drehzahl bewirkt zu viele Einschläge je m^2.

Dadurch kann die .... zerstört werden.

Stoppelbearbeitung

Die Stoppelbearbeitung dient der Vorbereitung der .... Ihre Aufgabe liegt darin,

....

....

....

....

....

....

Zur Stoppelbearbeitung werden hauptsächlich .... verwendet.

Nennen Sie die Wirkungen der Geräte.

....

....

Bodenbearbeitungsverfahren

Zur Bodenbearbeitung steht eine Vielzahl von Geräten zur Verfügung die auf unterschiedlichste Weise kombiniert werden können. Welche Geräte verwendet werden, hängt von dem gewählten Bodenbearbeitungsverfahren ab.

Nennen Sie die Ziele der Bewirtschaftungssysteme.

Grundsätzlich lassen sich die Verfahren in a) .... und b) .... unterscheiden

Beschreiben Sie die wesentlichen Unterschiede der Verfahren sowie Vor- und Nachteile.

a) ....

Vorteile

Nachteile

b) ....

Vorteile

Nachteile

Neben den oben genannten Bodenbewirtschaftungsverfahren gibt es die Möglichkeit der Direktsaat.

Beschreiben Sie das Prinzip der Aussaat in die Stoppeln ohne jegliche Bodenbearbeitung.
Welche Faktoren müssen besonders berücksichtigt werden?
Nennen Sie die Anforderungen, welche an Direktsaatschare gestellt werden.

....

....

....

....

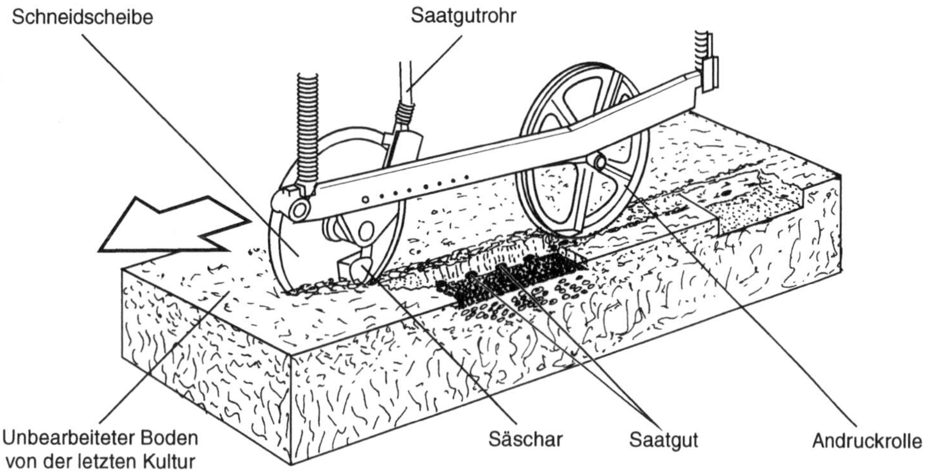

Wann eignet sich die Direktsaat?

....

....

Die Entscheidung, welches Verfahren anzuwenden ist hängt, von sich gegenseitig beeinflussenden Faktoren ab.
Beschreiben Sie die Faktoren sowie die Zusammenhänge.

....

....

....

....

....

Wie können die Wechselwirkungen beeinflusst werden?

....

....

....

Ergänzen Sie die Tabelle. Welche Gerätekombinationen werden verwendet?

Bodenbearbeitungsverfahren	Arbeitsschritte				Ablauf der Arbeitsgänge
	Stoppelbearbeitung	Grundbodenbearbeitung	Saatbettbereitung	Saat	
Konventionelle Bodenbearbeitung mit Pflug auf voller Krumentiefe	……… ……… ……… ………	……… ……… ……… ………	……… ……… ……… ………	……… ……… ……… ………	**Getrennt**
	……… ………	……… ………	……… ………		**Reduziert** Saatbettbereitung und Saat kombiniert
	……… ………				**Reduziert** alle Arbeitsschritte kombiniert
Konservierende Bodenbearbeitung mit Schäl-, Kurz- oder Schichtengrubber	……… ………	……… ………	……… ………	……… ………	**Getrennt**
	……… ………	……… ………	……… ………		**Reduziert** Saatbettbereitung und Saat kombiniert
	……… ………				**Reduziert** Alle Arbeitsschritte kombiniert
Direktsaat	……… ………	……… ………	……… ………	……… ………	

Düngerausbringtechnik

Wirtschaftsdünger

Stalldungstreuer

Der Stalldungstreuer übernimmt den Transport und die Verteilung von Stallmist.

Welche Anforderungen werden an ihn gestellt?

....

....

....

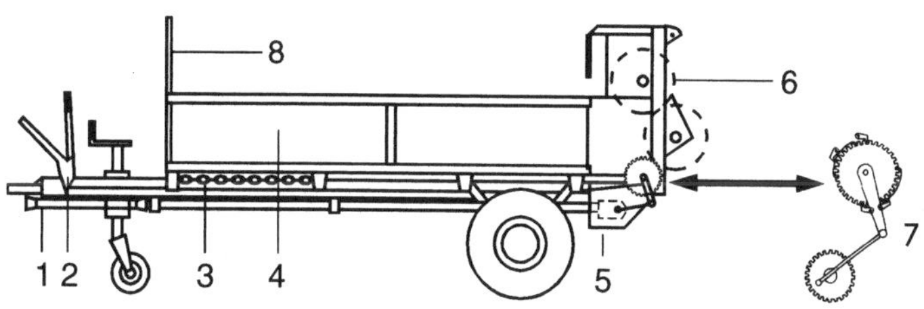

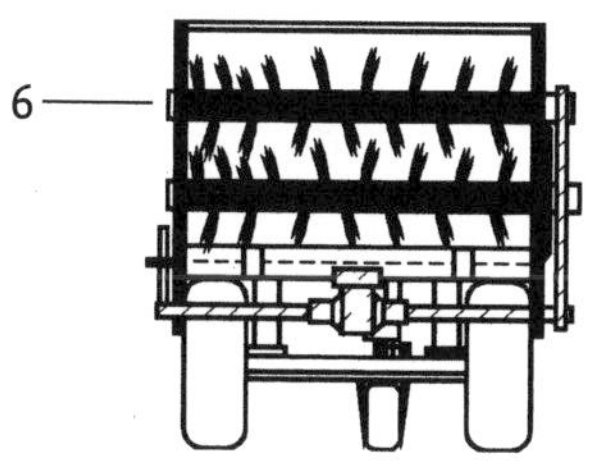

1. .... 3. .... 5. .... 7. ....

2. .... 4. .... 6. .... 8. ....

Nach der Anordnung der Streutrommeln wird unterschieden in:

....

Zeichnen Sie die Streubreite ein und geben Sie diese an:

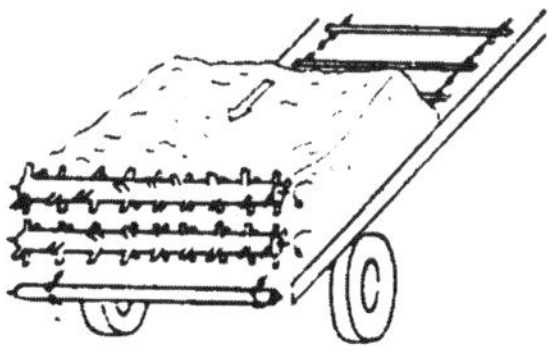

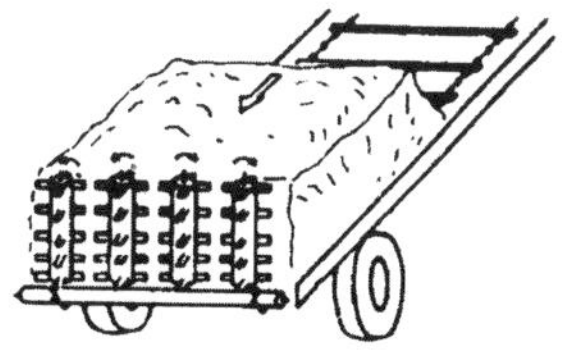

Die Streumenge wird bestimmt von:

a) .... b) .... c) ....

Mit dem Hebel für die Mengenregulierung wird die Vorschubgeschwindigkeit des Kratzbodens verändert,

sie liegt zwischen .... m / min und .... m / min.

Hohe Vorschubgeschwindigkeit ergibt .... Streumenge / ha.

Hohe Fahrgeschwindigkeit ergibt .... Streumenge / ha.

Bei einachsigen Dungstreuern ändert sich die Stützlast während des Abladens.
Zeichnen Sie Größe und Richtung der Stützlast (S) sowie Größe und Wirkung der sich verändernden Nutzlast (N) ein (vor oder hinter der Achse).

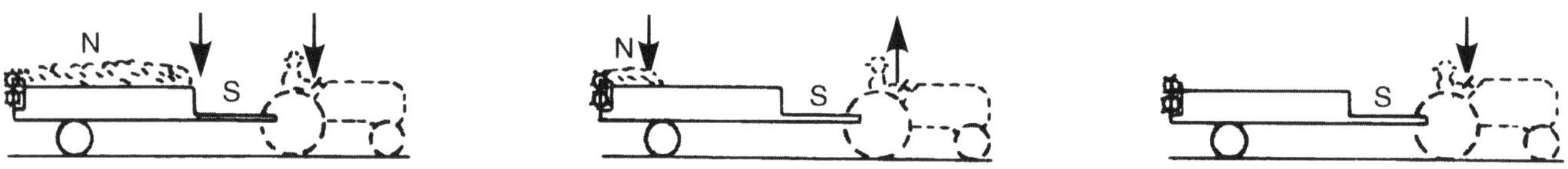

Beim Ausbringen vom Stallmist treten häufig Unfälle auf. Wie lassen sich diese vermeiden?

....

....

....

Flüssigmist

Die Nährstoffe, die im Flüssigmist enthalten sind, sollen

....

....

Zu beachten ist daher beim Einsatz von Flüssigmist, dass

....

....

....

....

....

Der Flüssigmisttankwagen transportiert und verteilt Flüssigkeit.

Welche Anforderungen werden an ihn gestellt?

a) ....

b) ....

c) ....

d) ....

e) ....

f) ....

Das Ausbringen und das Verteilen des Flüssigmistes erfolgt in Abhängigkeit von Transportentfernung und gewünschter Ausbringleistung einphasig, zweiphasig oder mehrphasig.

Beschreiben Sie die Arbeitsweise.

Einphasig: ....

....

Zweiphasig: ....

....

Mehrphasig: ....

....

Mit dem Tankwagen wird der gut zerkleinerte und homogenisierte Flüssigmist auf der Fläche ausgebracht.

Bezeichnen Sie die abgebildeten Tankwagen, geben Sie die Merkmale sowie ihre Arbeitsweise an.

1. ....

....

....

....

....

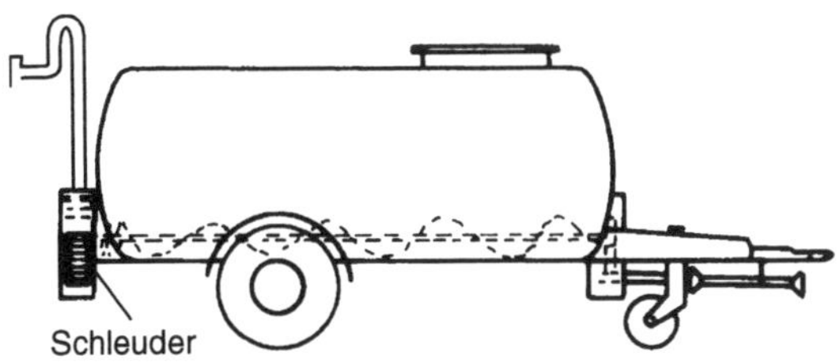

2. ....

....

....

....

....

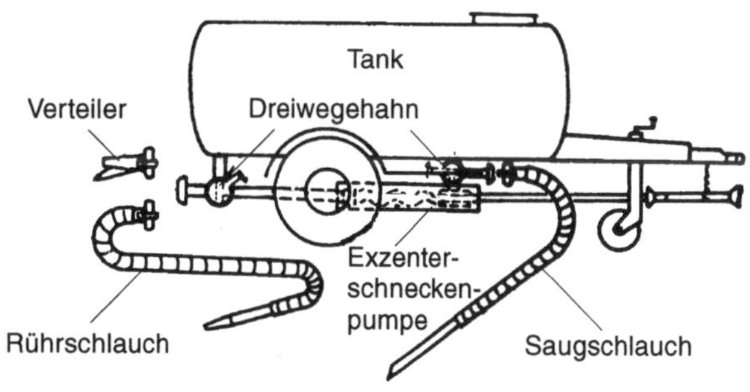

3. ....

....

....

....

....

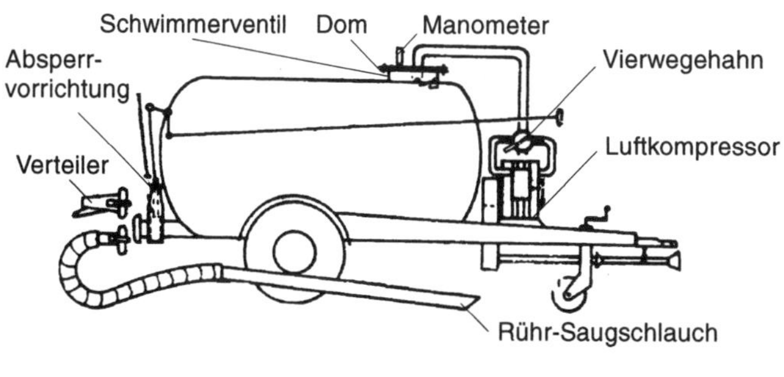

Zeichnen Sie die Förderwege von Flüssigkeit und Luft jeweils beim Füllen und Entleeren mit Pfeilen in unterschiedlichen Farben ein.

Von der Pumpe wird ein störungsfreies Arbeiten erwartet. Es wird unterschieden in:

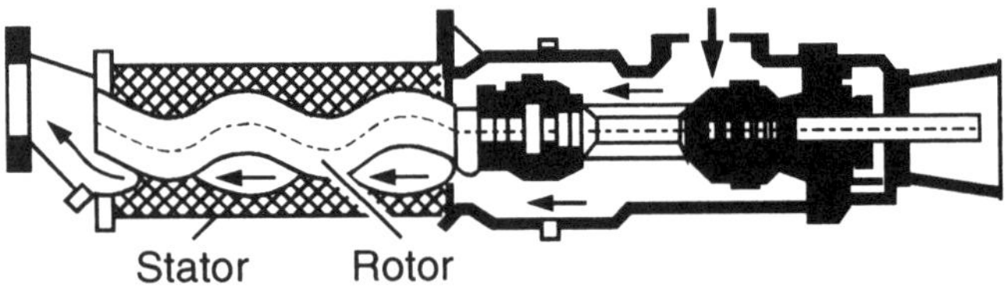

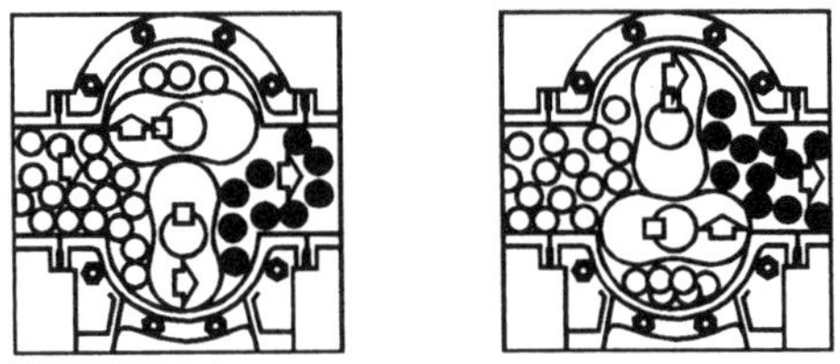

....

Welche Anforderungen werden an die Pumpen gestellt?

....

....

....

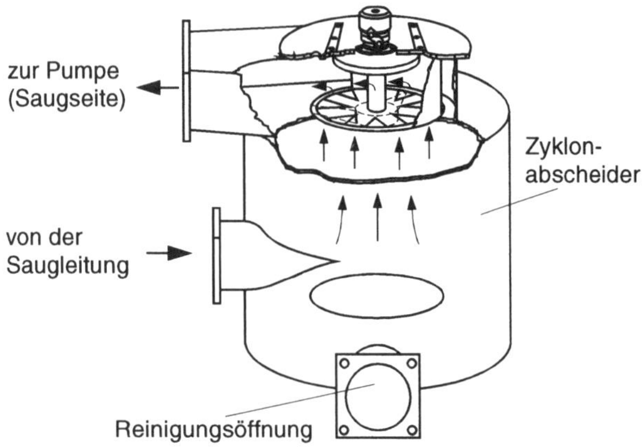

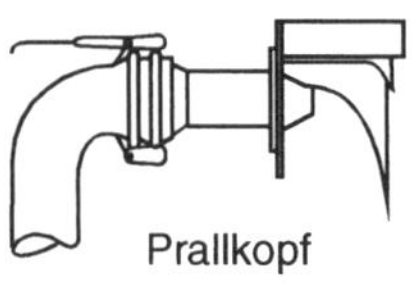

Welche Aufgaben haben Rotorabscheider?

a) ....

....

b) ....

....

c) ....

....

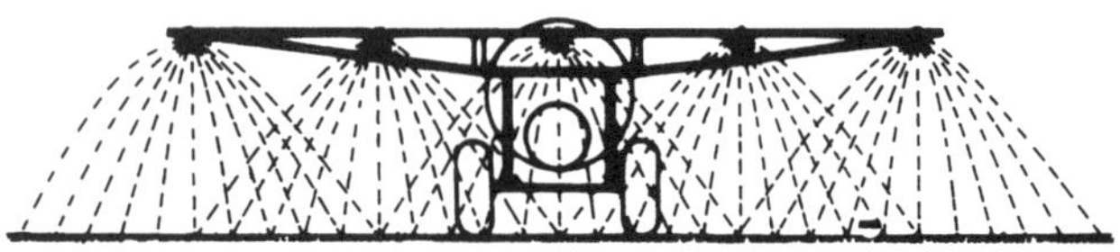

Welche Nachteile bringen Breitverteiler mit sich?

....

....

....

....

....

....

....

Der Lochscheibenverteiler fördert den Flüssigmist in die Schläuche und sorgt für eine gleichmäßige und bodennahe Verteilung.

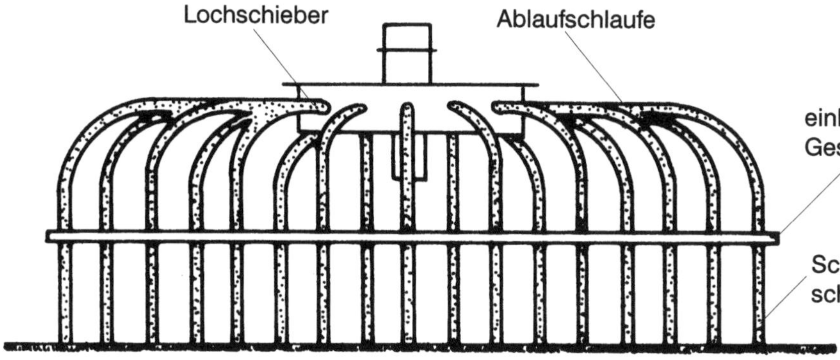

Die Ausbringung von Flüssigmist erfolgt über:

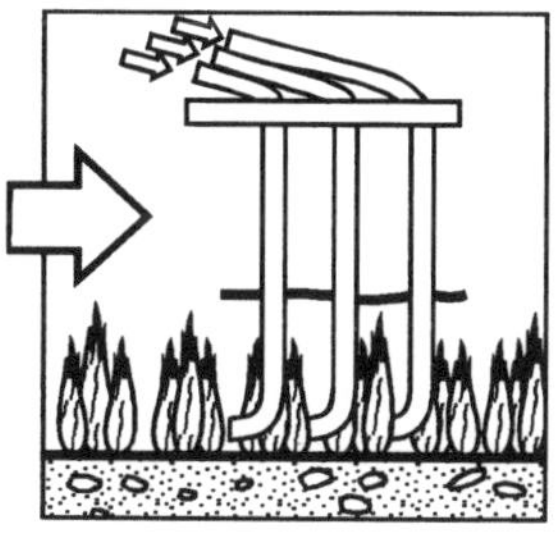

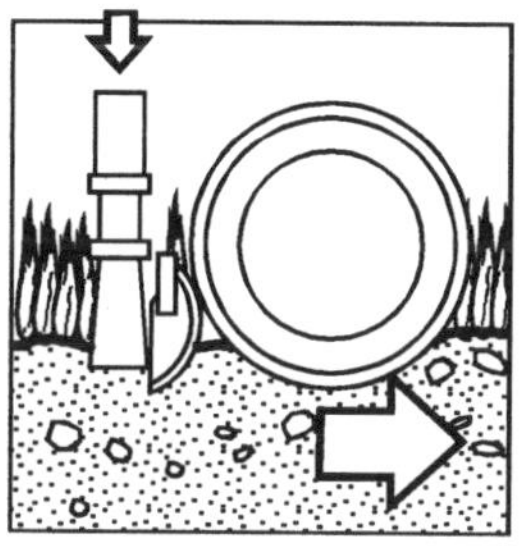

....

Urteilen Sie über deren Einsatz a) auf Grünland b) auf Ackerland.

a) ....

....

....

b) ....

....

....

Nennen Sie Maßnahmen, mittels denen die Eigenschaften von Flüssigmist beeinflusst werden können?

....

....

Wovon hängt die Ausbringmenge ab?

a) .... b) .... c) ....

Aufgabe

1) Eine Güllegrube mit einer Länge von 7 m, einer Breite von 4 m und einer Tiefe von 2,5 m ist zu ¾ gefüllt. Es sollen 25 m^3 / ha ausgebracht werden. Wie groß ist die Fläche, die damit abgedüngt werden kann?

2) Eine Güllegrube ist bei einer Länge von 5 m und einer Breite von 3,5 m bis zu 2,40 m mit Schweinegülle gefüllt. Berechnen Sie die Menge an Reinnährstoff in dieser Gülle unter Verwendung der Durchschnittsgehalte für N_{gesamt}, NH_4, P_2O_5, und K_2O sowie einer TS von 5 %.

Mineraldünger

Mineraldüngerstreuer

Fassen Sie die Anforderungen an Mineraldüngerstreuer zusammen und ordnen Sie diese nach ihrer Rangfolge:

a) ....

b) ....

c) ....

d) ....

e) ....

f) ....

g) ....

Zur genauen Zuteilung der erforderlichen Düngermenge und zur Kontrolle der Einstellungen bei Feldbedingungen ist eine .... notwendig. Verwendet wird hierfür folgende Formel:

$$\text{Streumenge (kg/ha)} = \frac{\text{Ausgestreuter Behälterinhalt (kg)} \times 10.000\ (\text{m}^2)}{\text{Streubreite (m)} \times \text{Fahrstrecke (m)}}$$

Aufgabe

1) Es sollen pro ha 6 dt Mineraldünger ausgebracht werden. Die effektive Arbeitsbreite des Düngerstreuers beträgt 8 m

a) Wie viel kg Dünger müssen auf eine Probestrecke von 125 m ausgebracht werden?

b) Der Behälter des Düngerstreuers umfasst 450 kg. Für welche Fahrstrecke reicht der Inhalt?

....

....

....

....

....

....

....

....

....

Durch Fehler können Streuungenauigkeiten auftreten. Nennen Sie Fehlerquellen. Wie können sie vermieden werden?

Fehlerquellen	Maßnahmen
....	....
....	....
....	....
....	....
....	....

Benennen Sie die abgebildeten Mineraldüngerstreuer:

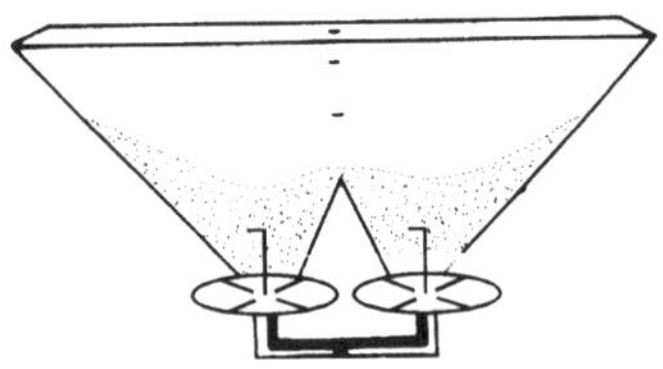

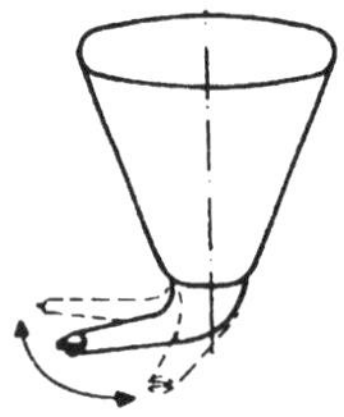

....

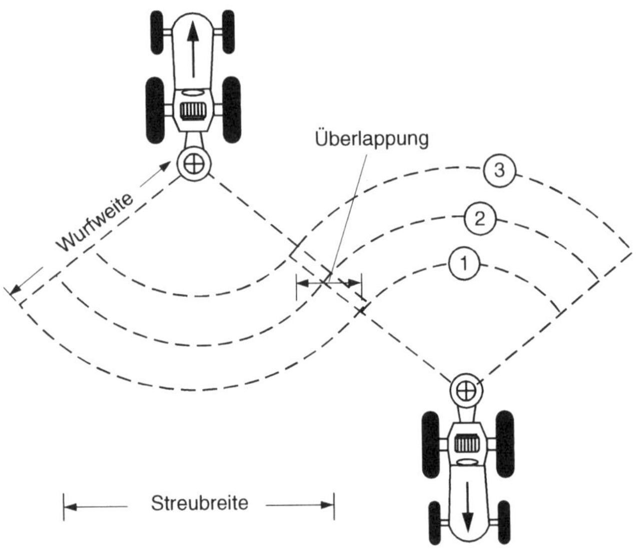

Die Wurfweite wird bestimmt durch:

a) ....

b) ....

c) ....

d) ....

Welche Körner (Korngewicht) fallen in der Abbildung auf die Linie mit der Nummer

1 ....

2 ....

3 ....

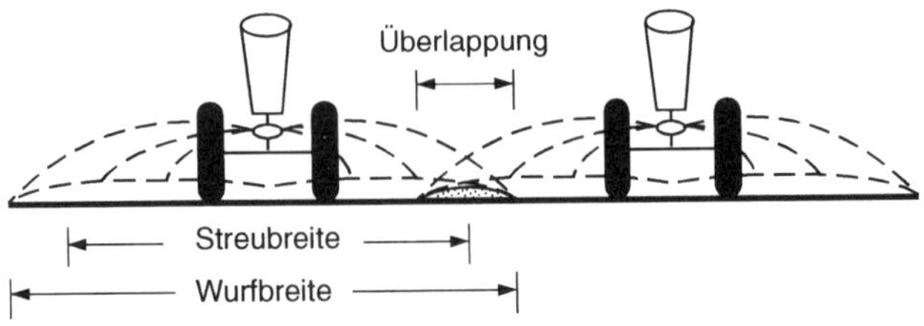

Bestimmen Sie	Wurfweite	Streubreite
a) bei staubigen	....	....
b) bei gekörnten Düngern	....	....

Die Strreubreite verkleinert sich bei .... Körnung

und vergrößert sich bei .... Körnung.

Wie erreicht man eine gleichmäßige Verteilung?

a) ....

b) ....

Die Streubreite richtet sich nach der Düngerart, sie kann aus der Streutabelle abgelesen und über die Streuscheiben verändert werden. Berichten Sie.

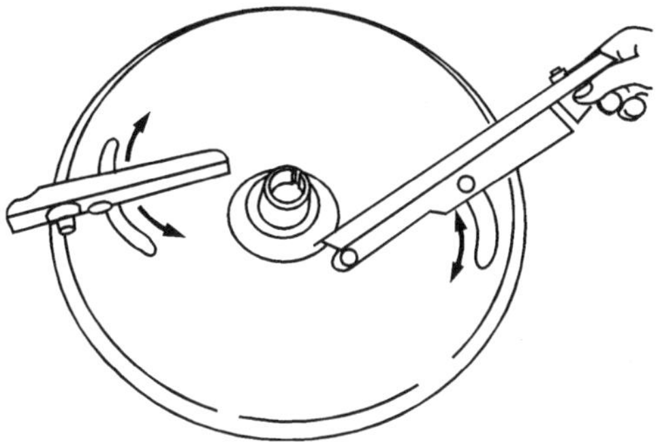

a) ....

b) ....

c) ....

b=80 p=80	Arbeitsbreiten 10-18 m (Mineraldünger) Streuschaufelstellung				
Düngersorte	**10**	**12**	**15**	**16**	**18**
KAS 27 %N gran. BASF; Hydro; DSM; Kemira; Agrolinz	70/90	70/90	70/90	70/90	70/90
KAS 27 % N gran. ø 3,92 mm PCK Schweden	72/92	72/92	72/92	72/92	73/93
KAS 27 % N gran. ø 3,36 mm SCHZ Lovosice CZ	68/88	68/88	68/88	68/88	68/88
KAS 27 % N gepr. ø 2,76 mm NET IRL	64/85	64/85	64/87	64/87	66/88

Wie lässt sich die Streubreite beim Pendelstreuer verändern?

a) ....

b) ....

Die Streumenge wird bestimmt von:

a) .... b) ....

Die Einstellung wird nach einer Streutabelle bzw. einer Rechenscheibe vorgenommen. Berichten Sie darüber.

....

....

....

....

....

....

....

Schieberstellung	10			12			15			16			18		
	km/h			km/h			km/h			km/h			km/h		
	8	10	12	8	10	12	8	10	12	8	10	12	8	10	12
21	166	133	111	139	111	92	111	89	74	104	83	69	92	74	62
22	189	151	126	158	126	105	126	101	84	118	95	79	105	84	70
23	214	171	126	178	143	119	143	114	95	143	114	95	119	95	79
24	241	193	160	201	160	134	160	128	107	150	120	100	134	107	89
25	270	216	180	225	180	150	180	144	120	169	135	112	150	120	100
26	301	240	200	251	200	167	200	160	134	188	150	125	167	134	111
27	334	267	222	278	222	185	222	178	148	208	167	139	185	148	124
28	368	295	246	307	246	205	246	197	164	230	184	154	205	164	136
29	405	324	270	338	270	225	270	216	180	253	203	169	225	180	150
30	444	355	296	370	296	247	296	237	197	277	222	185	247	197	164
31	494	387	323	403	323	269	323	258	215	303	242	202	269	215	179

Trotzdem ist eine Abdrehprobe unerlässlich. Firmen liefern hierzu Messeinrichtungen mit.
Wie wird die Abdrehprobe durchgeführt?

a) ……………………………………

b) ……………………………………

c) ……………………………………

d) ……………………………………

e) ……………………………………

Die Gleichmäßigkeit der Streuung hängt von der Fahrweise ab. Berichten Sie über die Voraussetzungen.

……………………………………

……………………………………

Nach der Düngeverordnung ist sauberes Grenzstreuen notwenig. Welche Möglichkeiten gibt es?

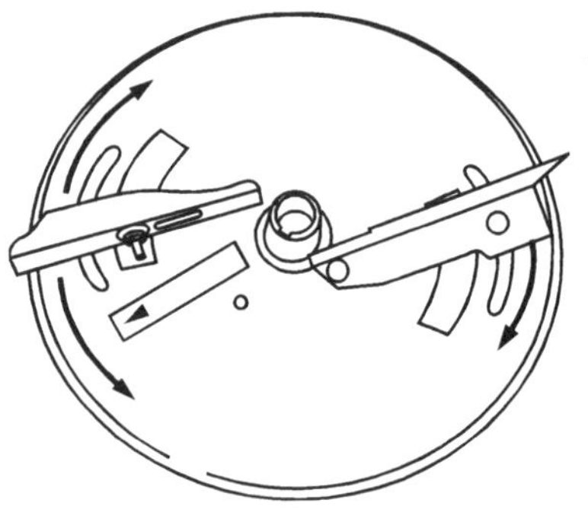

a) ……………………………………

b) ……………………………………

c) ……………………………………

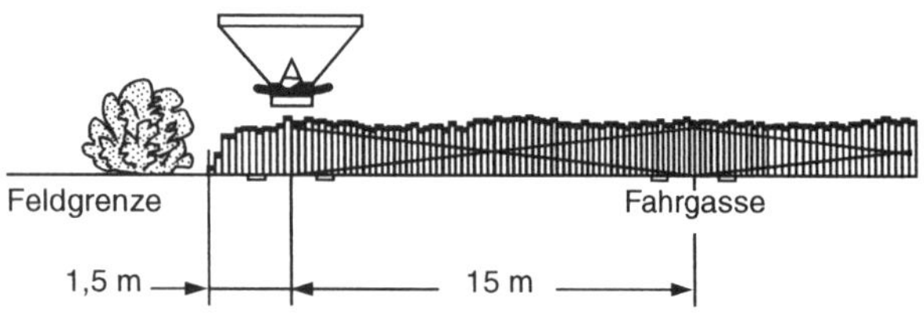

Grenzstreuen mit Fahrgassen direkt am Feldrand

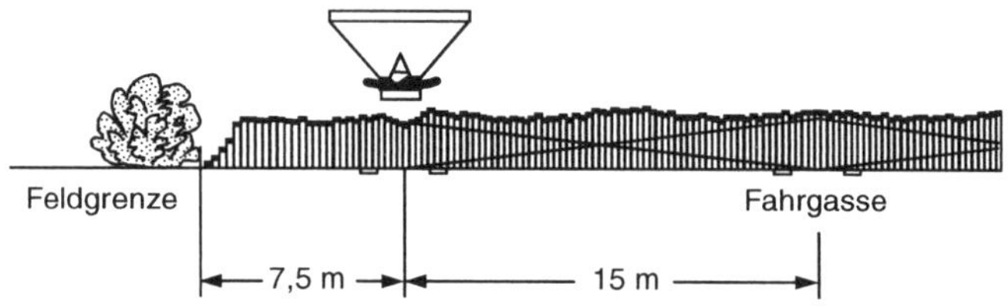

mit halbem Fahrgassenabstand

Bordcomputer steuern und überwachen die Funktion des Düngerstreuers. Nennen Sie diese.

……………………………………

……………………………………

……………………………………

……………………………………

……………………………………

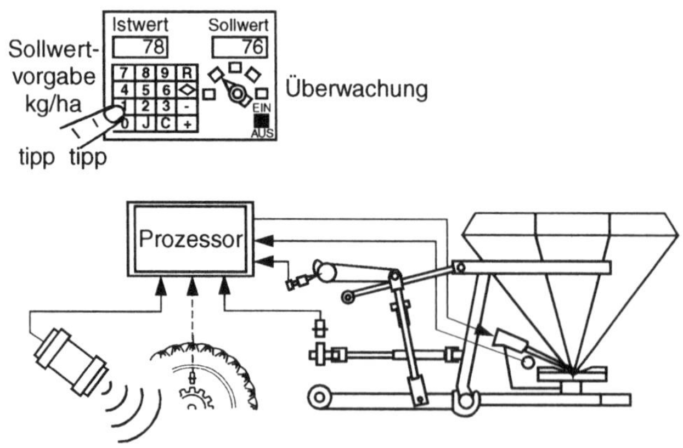

Die Pflege des Düngerstreuers ist wegen der aggressivern Salze besonders wichtig.
Beschreiben Sie die Pflegemaßnahmen.

....

....

....

Pflanzenschutztechnik

Pflanzenschutzmittel in flüssiger Form werden als .... ausgebracht. Diese besteht aus dem Trägerstoff .... und dem ....

Je nachdem, in welcher Form der Wirkstoff vorliegt, entstehen bei der Mischung echte Lösungen, Suspensionen oder Emulsionen. Erklären Sie die Begriffe.

echte Lösungen:

....

....

Suspensionen:

....

....

Emulsionen:

....

....

Welche Auswirkungen hat die Form der Spritzbrühe auf die Ausbringung?

....

....

....

....

Feldspritzen

Welche Anforderungen müssen nach dem Pflanzenschutzgesetz von Feldspritzen erfüllt sein?

a) .... d) ....

b) .... e) ....

c) .... f) ....

Zählen Sie die Anwendungsgebiete der Feldspritzen auf.

....

....

Ordnen Sie den Bauteilen die entsprechenden Nummern zu.

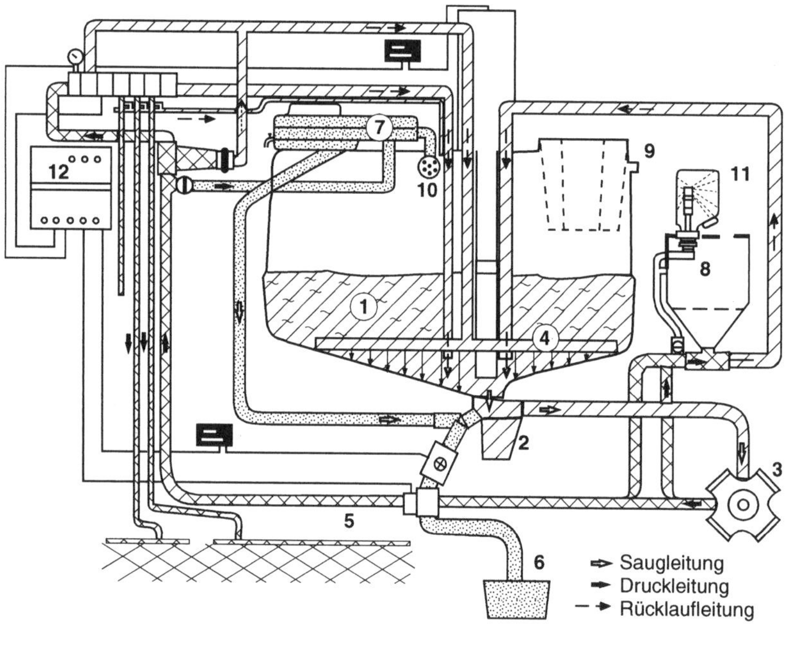

.... Einfülldorn mit Sieb

.... Behälter mit Füllstandszeiger

.... Rührwerk

.... Fassfilter

.... Ansaugschlauch

.... Pumpe

.... Einspülbehälter

.... Kanisterspülanlage

.... Regelarmatur

.... Spritzgestänge mit Düsen

.... Frischwasserbehälter

.... Reinigungsdüse

Die Behälter fassen 400 bis 8000 Liter Spritzbrühe.

Welche Anforderungen stellt man an den Behälter?

....

....

Worauf hat man beim Füllen zu achten, um Umweltschäden zu vermeiden?

....

....

....

....

Berichten Sie über das Einbringen der Spritzmittel.

Welche Aufgaben haben die Rührwerke?

a)

b)

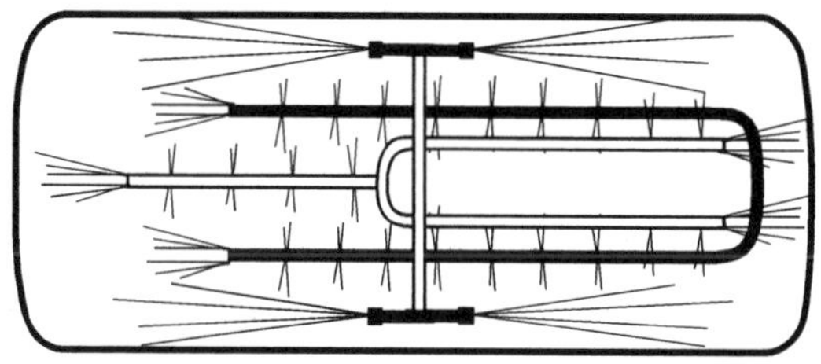

Wozu benötigt man Frischwasser?

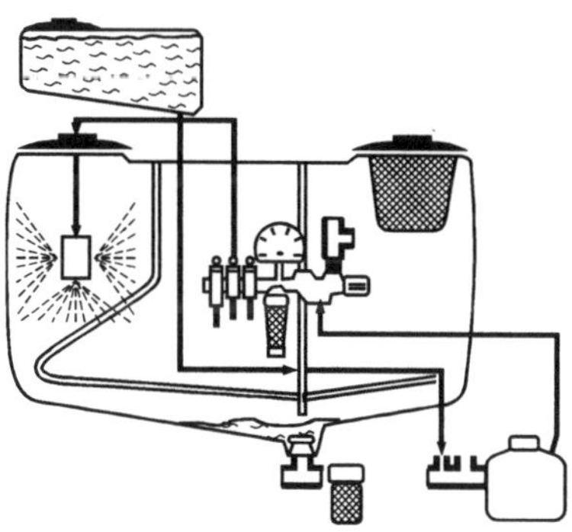

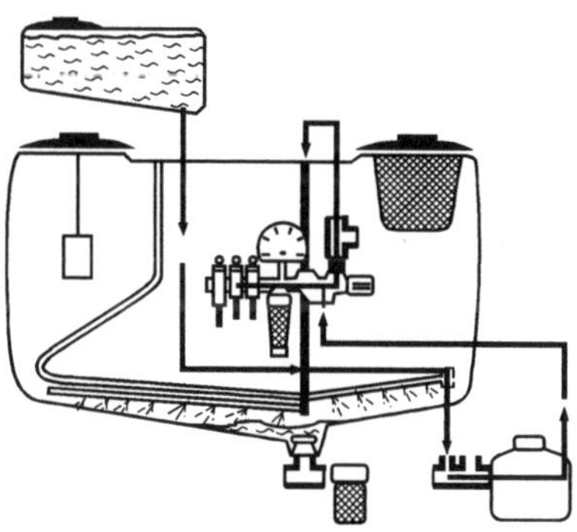

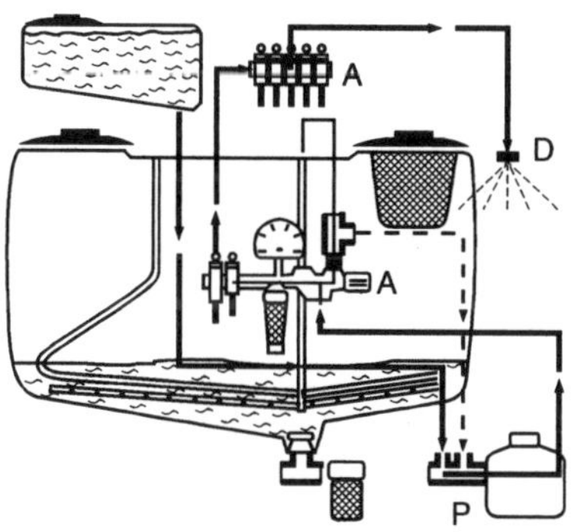

Die Reinigung des Gerätes hat grundsätzlich auf dem Acker zu erfolgen.

Die Pumpe ist der wichtigste Teil der Feldspritze. Welche Anforderungen werden an sie gestellt?

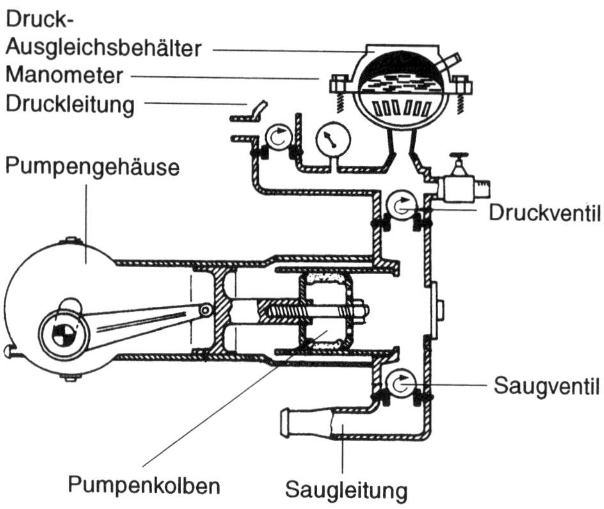

Erklären Sie die Funktion der Kolbenpumpe.

....
....
....
....
....
....
....
....

Zählen Sie die Gründe auf für die Verwendung von Kolbenmembranpumpen.

....
....
....
....
....

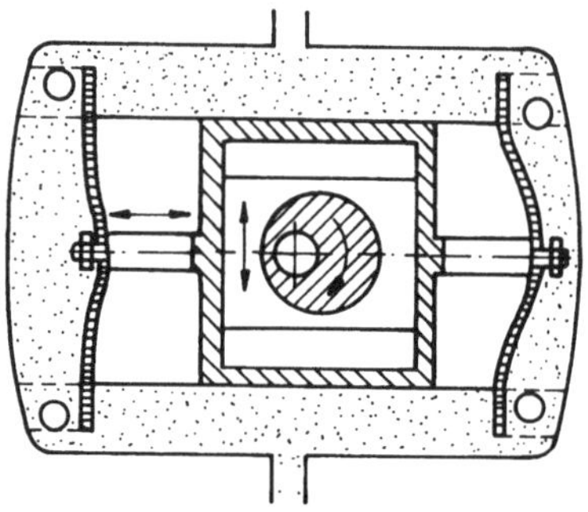

Zeichnen Sie den Weg der Flüssigkeit bei der gegebenen Stellung ein.

Die Langlebigkeit der Pumpe erhält man bei sachgerechter Pflege. Erklären Sie dies.

....
....
....

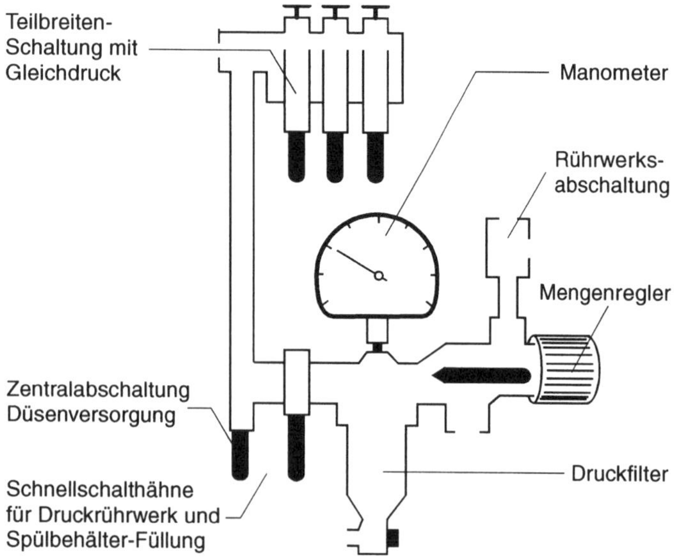

Die Regeleinrichtung soll übersichtlich und leicht zu bedienen sein.

Welche Möglichkeiten zur Einstellung sind gegeben?

a) ....

b) ....

c) ....

Je nach Geräteart gibt es Gestänge zwischen 12 und 36 m.

Welche Anforderungen werden an das Gestänge gestellt?

....

....

Erklären Sie die Abbildungen:

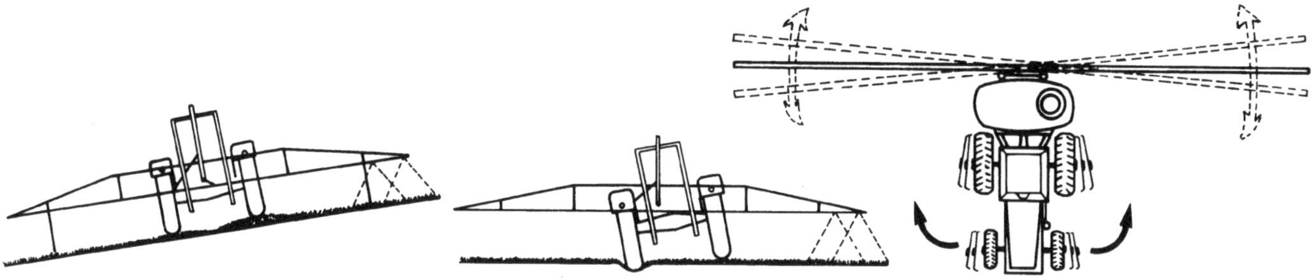

....

....

....

....

Pflanzenschutzspritzen müssen sich in einem einwandfreien Zustand befinden. Neu in den Verkehr gebrachte Maschinen müssen daher geprüft und zugelassen werden. Die Prüfung wird vom Julius-Kühn-Institut durchgeführt.
Gemäß dem Pflanzenschutzgesetz muss das Gerät alle 3 Jahre einer Pflichtkontrolle unterzogen werden.

Gleichmäßige Längs- und Querverteilung ist gesetzlich gefordert. Wie wird sie erreicht?

a) ....

b) ....

c) ....

d) ....

e) ....

Die Tröpfchengröße hängt ab von ....

Kleine Tröpfchen bewirken ....

Je nach Anwendungsbereich werden 150 bis 400 l Spritzbrühe je ha verwendet.

Die Spritzbrühemenge ergibt sich aus: ……………………………………………………………

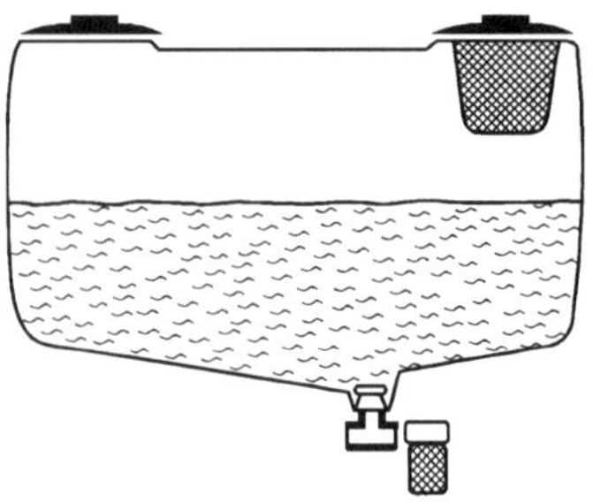

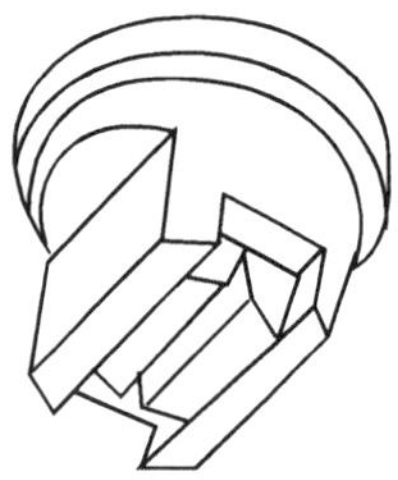

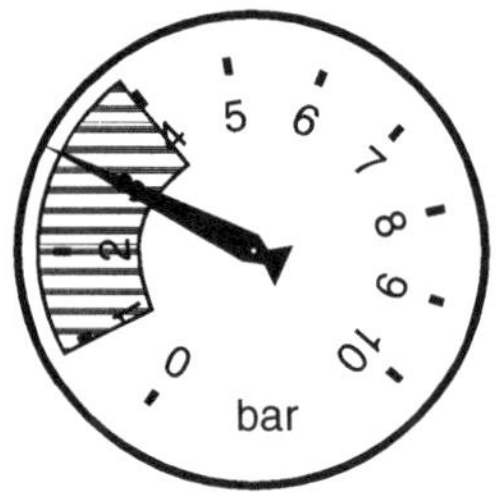

1,5 – 3,0 bar

6 – 7 km

Spritzbrühmenge und Druck sind an der Armatur einstellbar. Die Ausstoßmenge und die Verteilung über die Arbeitsbreite sind zu überprüfen. Dies geschieht durch das Auslitern.

Beschreiben Sie die Vorgehensweise beim Auslitern von 300l / ha mit der Düse –04 und 10 m Arbeitsbreite?

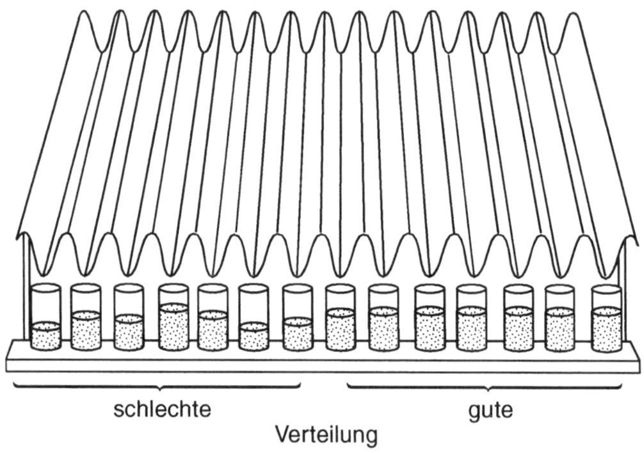

Anhaltswert 0,1 bar = 10 l / ha

Berechnen mit der Formel

$$\text{Ausstoßmenge (l/min)} = \frac{\text{Flüssigkeitsaufwand (l/ha)} \times \text{Arbeitsbreite (m)} \times \text{Fahrgeschwindigkeit (km/h)}}{\text{600 (Konstante)}}$$

Eine Minute bei entsprechender Drehzahl im Stand laufen lassen.

Nachkorrigieren

Die Gleichmäßige Ausstoßmenge aller Düsen = Querverteilung lässt sich nur über einen Düsenprüfstand ermitteln.

Worauf ist beim Spritzbetrieb zu achten?

....

....

....

....

....

....

Welche Maßnahmen sind nach Beendigung der Spritzarbeit sofort zu treffen?

....

....

....

Großgeräte sind mit elektrischer Fernbedienung ausgerüstet. Welche Schaltungen sind vom Schleppersitz aus möglich?

....

....

Welche Vorteile hat die elektronische Kontrollanzeige?

....

....

Die luftunterstützte Spritzung wird in bestimmten Anwendungsbereichen bevorzugt.
Welche Wirkung hat die luftunterstüzte Spritzung im Feldbau?

....

....

....

....

....

....

....

Für welche Anwendungsbereiche eignet sich das luftunterstützte Verfahren besonders?

....

....

....

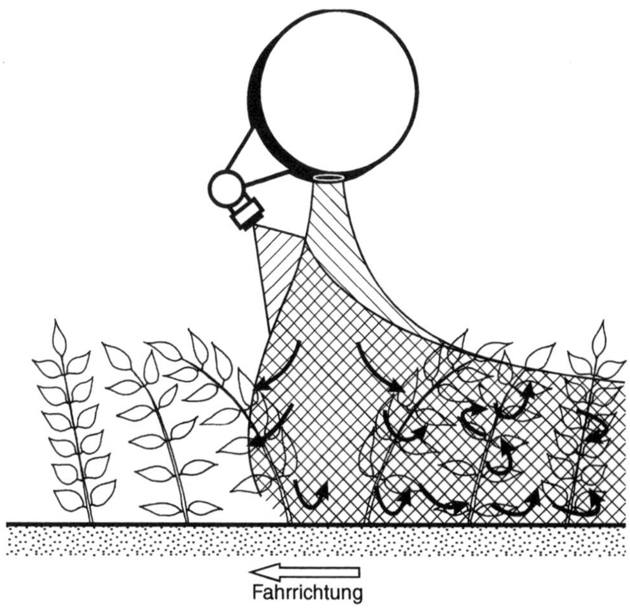

Düsenauswahl

Bezeichnen Sie die abgebildeten Düsen und ergänzen Sie den Text.

1. Flachstrahldüse

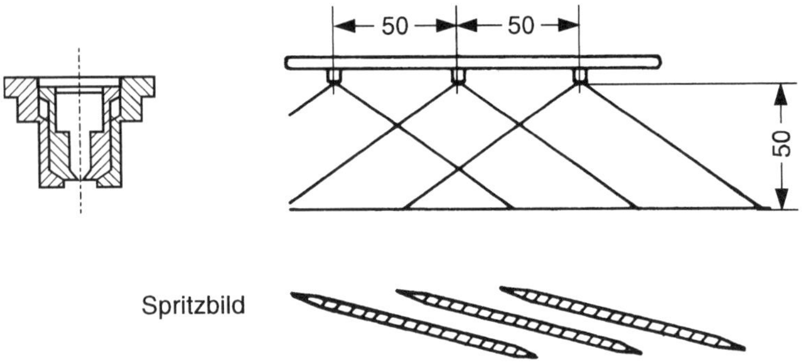

Druck von .... bis .... bar.

Spritzwinkel .... Grad.

Material ....

2. Flachstrahldüse – abdriftmindernd

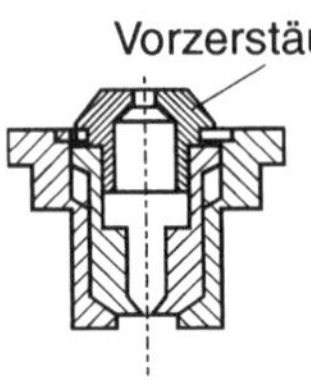

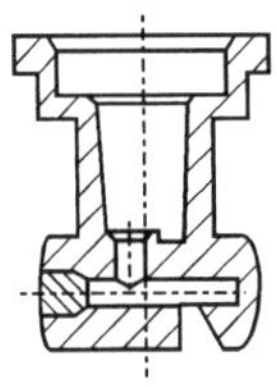

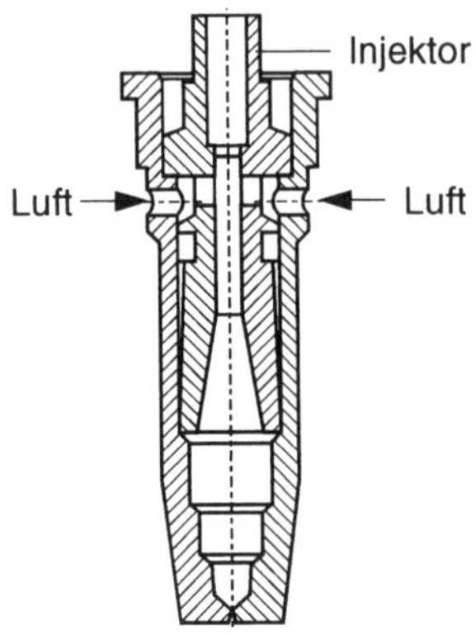

AD = ...	TT = ...	ID = ...
Vorgeschaltete Dosierblende	Dosierblende mit Wirbelkammern	Injektor mit Außenluftansaugung
Druck .... bar	.... bar	.... bar
Windstärke .... m / sec	.... m / sec	.... m / sec

Prinzip: ....

....

....

....

Die Düsen haben unterschiedliche Bohrungen. Die Größe der Bohrung bestimmt

a) .... b) ....

Welche Anforderungen sollen die Düsen erfüllen?

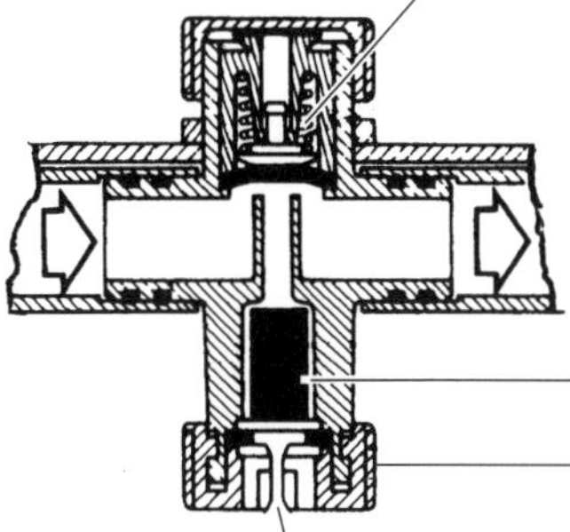

....

....

....

....

....

Aufgabe

Eine Feldspritze mit einem Fassungsvermögen von 500 l enthält eine Spritzbrühe mit 0,25 %.

a) Wie viel Spritzmittel ist enthalten?

b) Wie groß ist die Fläche die abgespritzt werden kann und

c) Welche Wegstrecke kann zurückgelegt werden bei einer Arbeitsbreite von 12 m und 400 l / ha?

....

....

....

....

....

....

....

....

....

....

....

Es soll eine Spritzbrühe mit einer 0,2 % igen Konzentration angesetzt werden. Die Feldspritze fasst 750 l.
Wie viel Spritzmittel wird benötigt?

....

....

....

....

Saattechnik

Drill-, Band- und Breitsaattechnik

Die Drillmaschine muss sowohl technische als auch arbeitswirtschaftliche Anforderungen erfüllen. Zählen Sie diese auf.

Die Drillmaschinen unterscheiden sich in ihrem Förder- und Verteilungssystem.

1. Nockenraddrillmaschinen

Benennen Sie die Bauteile.

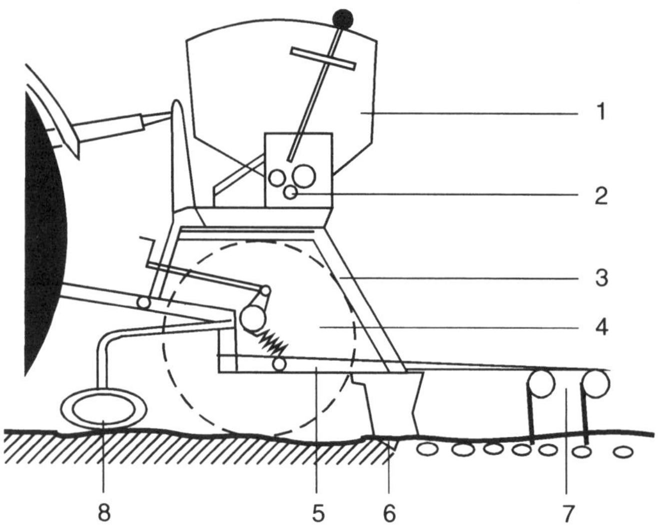

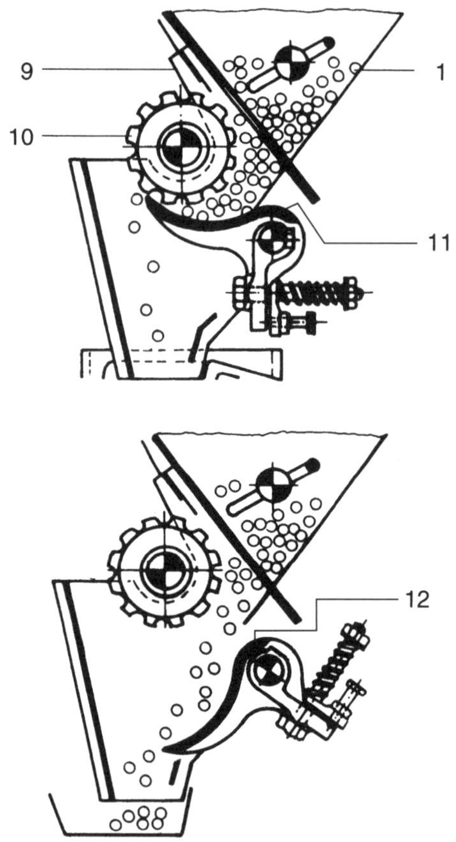

Die exakte Zuteilung des Saatgutes erfolgt über die Säräder.

Es gibt verschiedene Arten von Kombisärädern. Geben Sie deren Einsatzbereiche an.

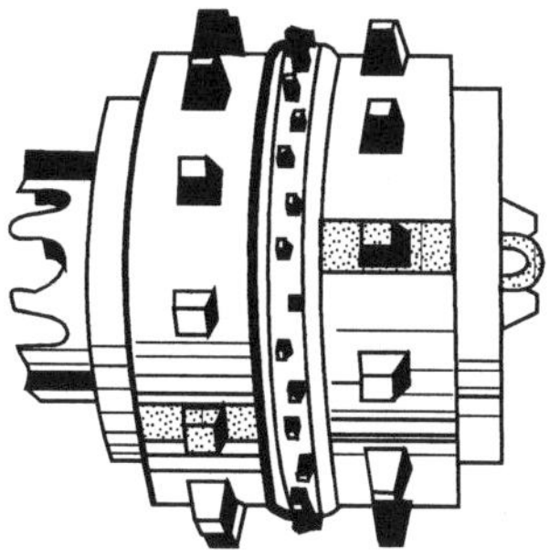

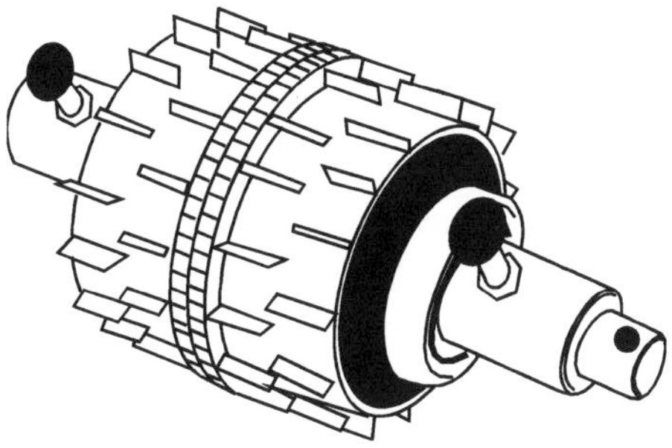

....

....

Welche Besonderheiten weist das dreigeteilte Särad auf?

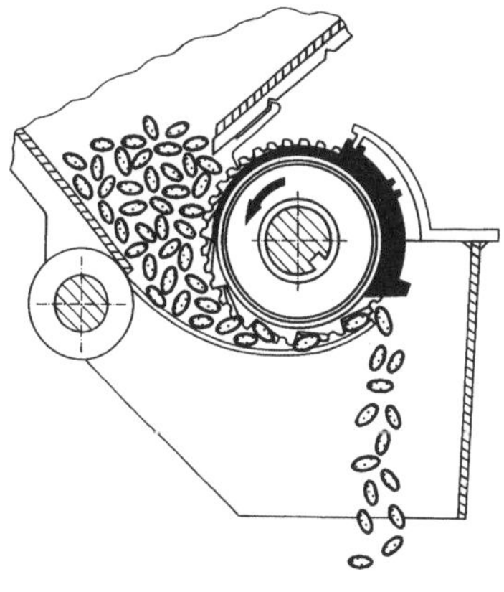

....

....

....

....

....

....

....

....

....

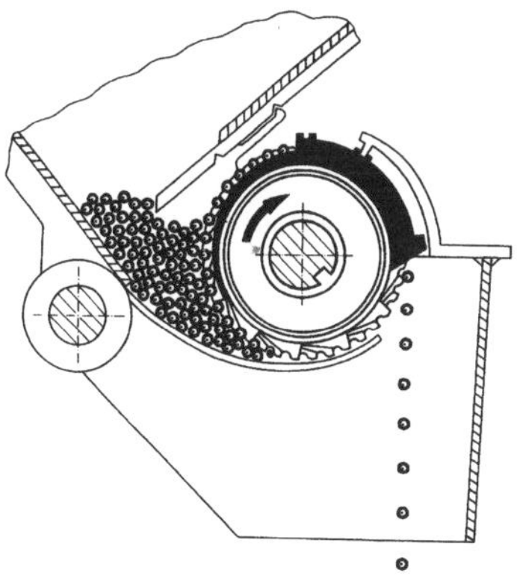

Wie werden die Säräder angetrieben?

....

....

Die Saatmenge wird durch die Drehzahl der Säräder bestimmt. Wie kann sie reguliert werden?

....

....

....

Wie soll das Saatgut in den Boden abgelegt werden?

....

....

....

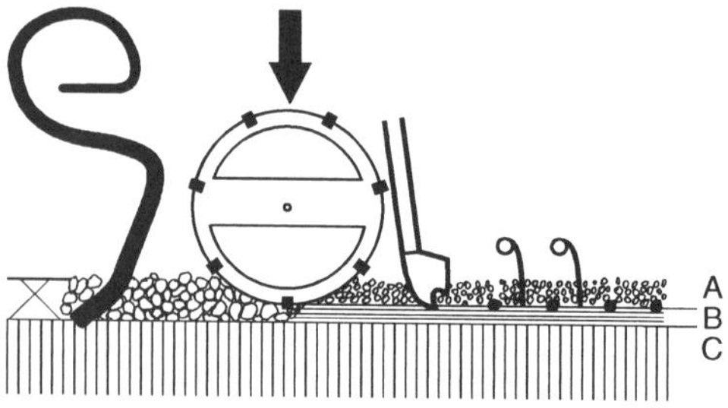

Wie erreichen wir o. g. Voraussetzungen?

a) ....

....

b) ....

....

Unterschieden werden die Säschare wie folgt:

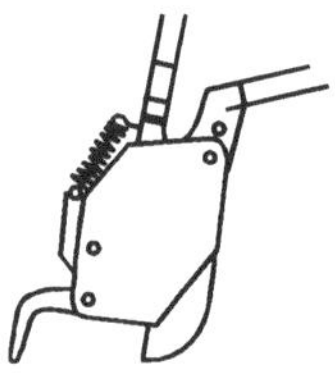

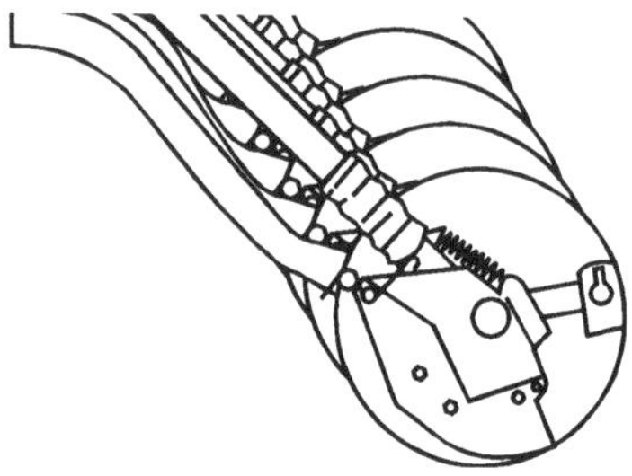

Geeignet für:

....	....	....
....	....	....
....	....	....

Wie erfolgt die Tiefeneinstellung der Schare?

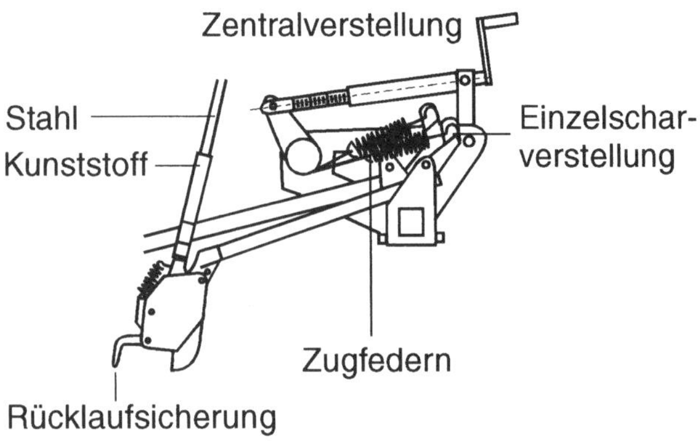

....

....

....

....

....

....

....

....

Wie können Verstopfungen vermieden werden?

....

....

Fahrgassen sind für die Nachfolgearbeiten unentbehrlich.

Wie werden Fahrgassen angelegt?

....

....

....

Die abgebildete Großflächendrillmaschine arbeitet mit der Nockenraddosierung.
Welche Vorteile hat sie gegenüber Kastendrillmaschinen?

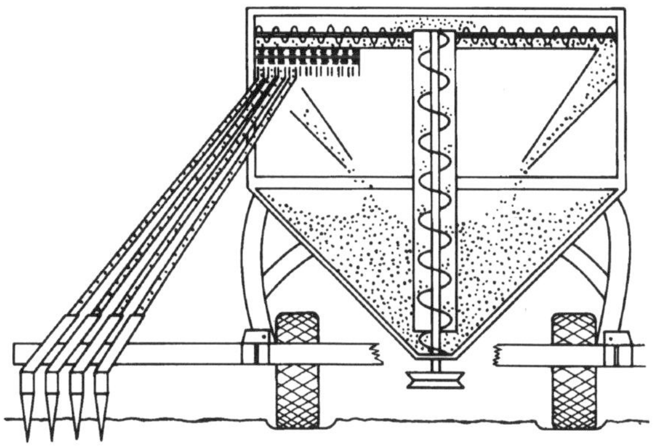

....

....

....

....

....

....

2. Drillmaschinen mit Zentrifugalfördersystem

Beschreiben Sie den Weg der Körner.
Zeichnen Sie ihn mit Pfeilen ein:

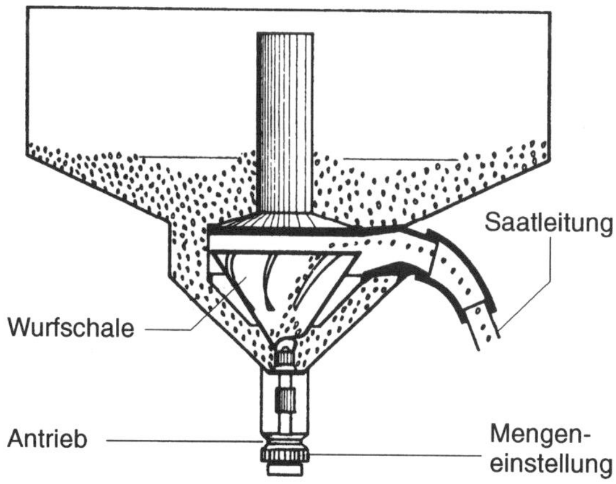

....

....

....

....

....

....

....

Wie wird die Saatmenge eingestellt?

....

....

Die Wurfschale wird mit Hilfe von Übersetzungen vom Bodenrad angetrieben. Trotzdem wird eine gleichmäßige Saatgutverteilung nur erreicht, wenn eine konstante Fahrgeschwindigkeit eingehalten wird. Abdrehproben müssen mit entsprechender Wurfschalen-Drehzahl vorgenommen werden.

3. Drillmaschinen mit pneumatischer Zuteilung

Beschreiben Sie den Weg der Körner:

....

....

....

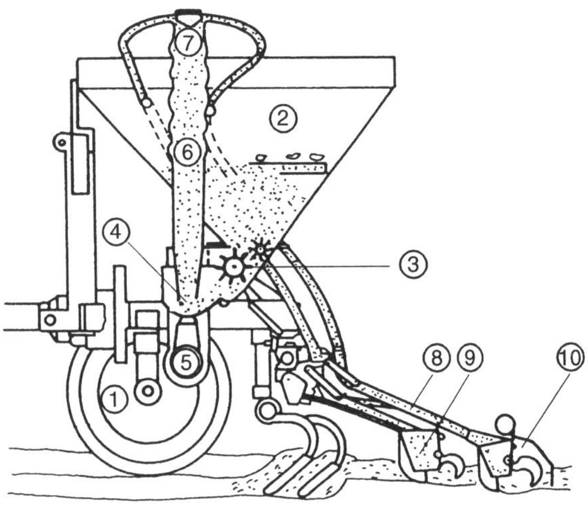

1 Antriebsrad
2 Saatgut-Tank
3 Zellenrad
4 Innentorschleuse
5 Gebläse
6 Wellrohr
7 Verteiler
8 Saatleitungen
9 Säschare
10 Striegel

Wie wird die Saatgutmenge eingestellt?

....

....

....

....

....

Das Gebläse wird von der Zapfwelle angetrieben. Wie wird die Gleichmäßigkeit der Saatmenge garantiert?

....

....

Warum ist das Abdrehen der Sämaschine notwendig?

....

....

Stellen Sie die Arbeitsgänge beim Abdrehen in der richtigen Reihenfolge zusammen.

a) ....

b) ....

c) ....

d) ....

e) ....

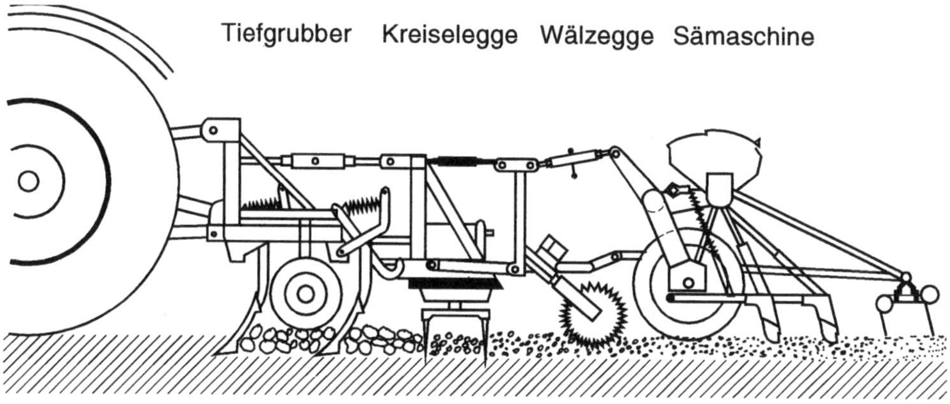

Welche Argumente sprechen für die Direktsaat?

....

....

....

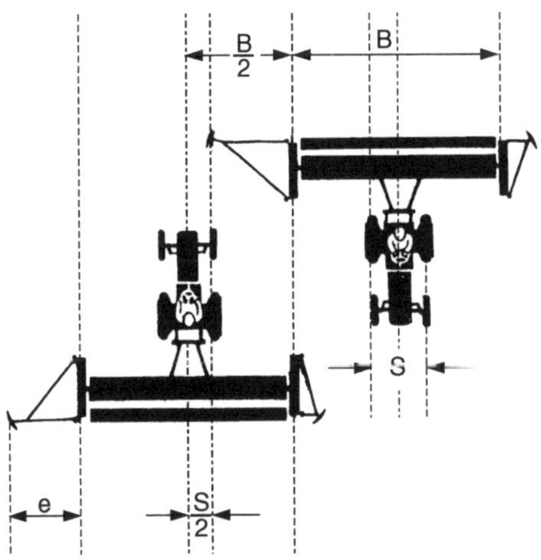

Um eine exakten Anschluss zu erhalten, ist eine Spurmarkierung notwendig. Diese Arbeit übernimmt der Spurreißer. Die Einstellung lässt sich aus nebenstehender Abbildung bestimmen.

Ergänzen Sie die

Formel: $e = \frac{\dots\dots}{2} - \frac{S}{2}$ oder $\frac{\dots\dots\dots}{2}$

Rechnen Sie: B = 3,0 m, S = 1,5 m

e = ...

Welche Bedeutung haben Fahrgassen?

....

....

....

....

Was ist beim Anlegen von Fahrgassen zu beachten?

....

....

....

Fahrgassen werden nach zwei Verfahren angelegt.

Verfahren 1

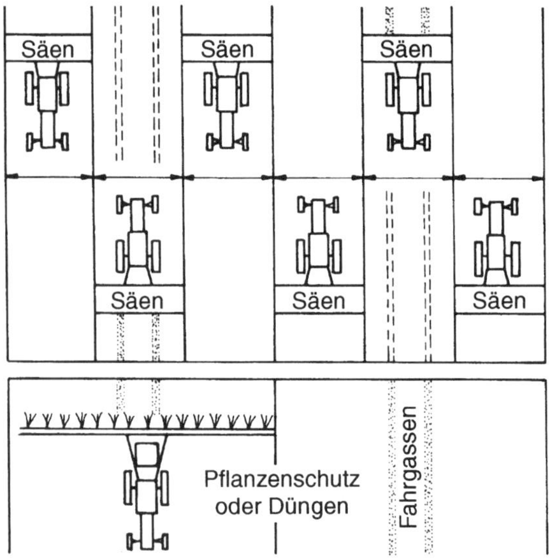

Verfahren 2

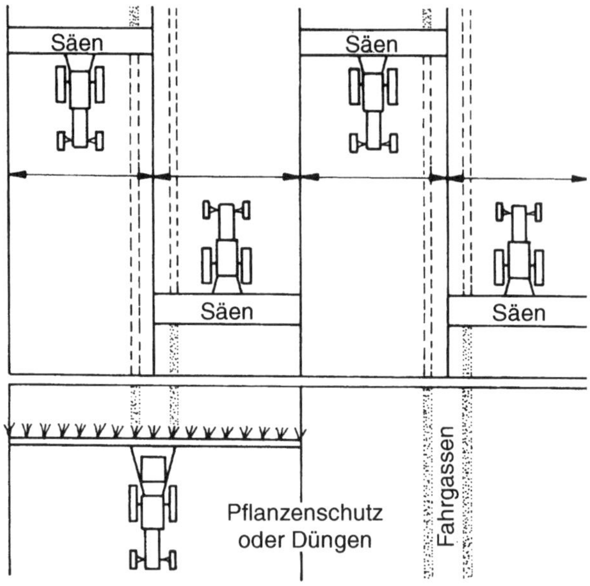

Welche Arbeitsbreite für Düngerstreuer und Feldspritzgerät sind möglich bei

Drillmaschinenbreiten von	Verfahren 1	Verfahren 2
2,50 m	....	....
3,00 m	....	....
4,00 m	....	....
5,00 m	....	....

Einzelkornsaattechnik

Welche besonderen Aufgaben haben Einzelkorngeräte?

....

....

....

Welche Anforderungen muss das Saatgut erfüllen?

....

....

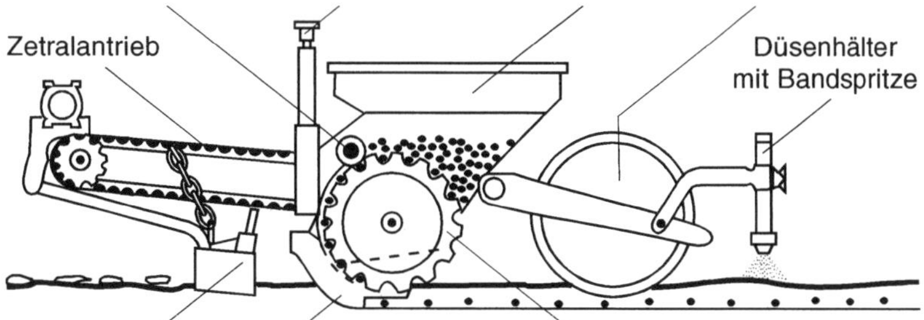

Beschreiben Sie die einzelnen Arbeitsgänge.

....

....

....

....

....

....

Wie erfolgt die Zuteilung des Saatgutes?

....

....

Bezeichnen Sie die abgebildeten Sägeräte.

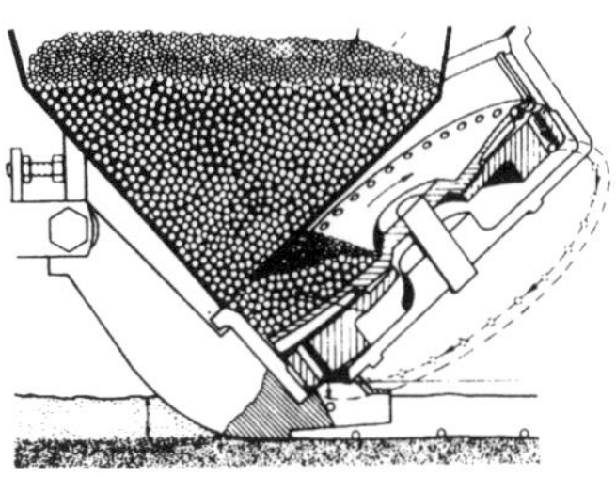
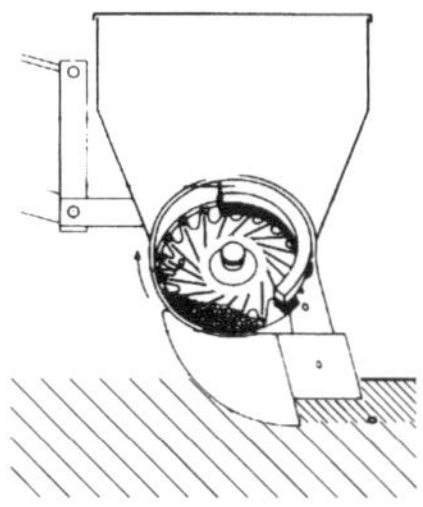
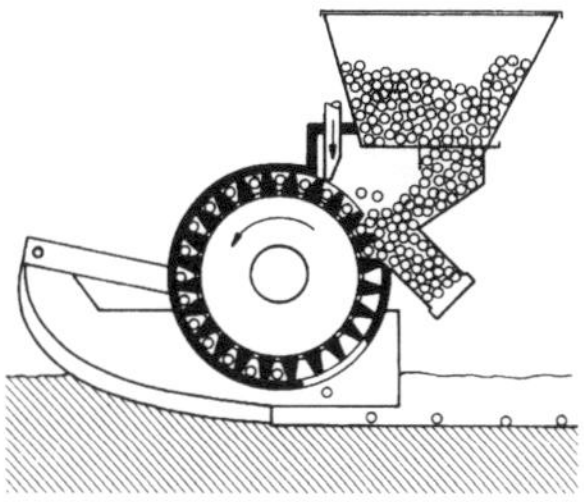
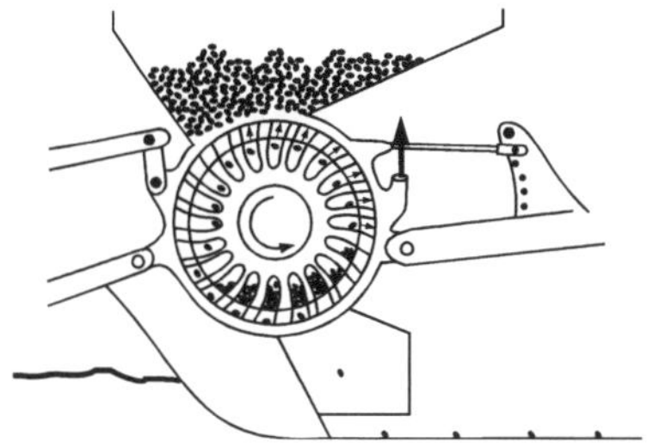

....

Wie arbeiten pneumatische Sägeräte?

a) ....

....

b) ....

....

Wie erfolgt die Einstellung?

a) des Reihenabstandes ....

b) des Abstandes in der Reihe ....

c) der Tiefenlage ....

....

d) des exakten Anschlusses ....

Technik des Getreidebaus

Erntetechnik für Körnerfrüchte

Der Mähdrescher erledigt vier Hauptaufgaben. Zählen Sie diese auf.

1. .... 2. .... 3. .... 4. ....

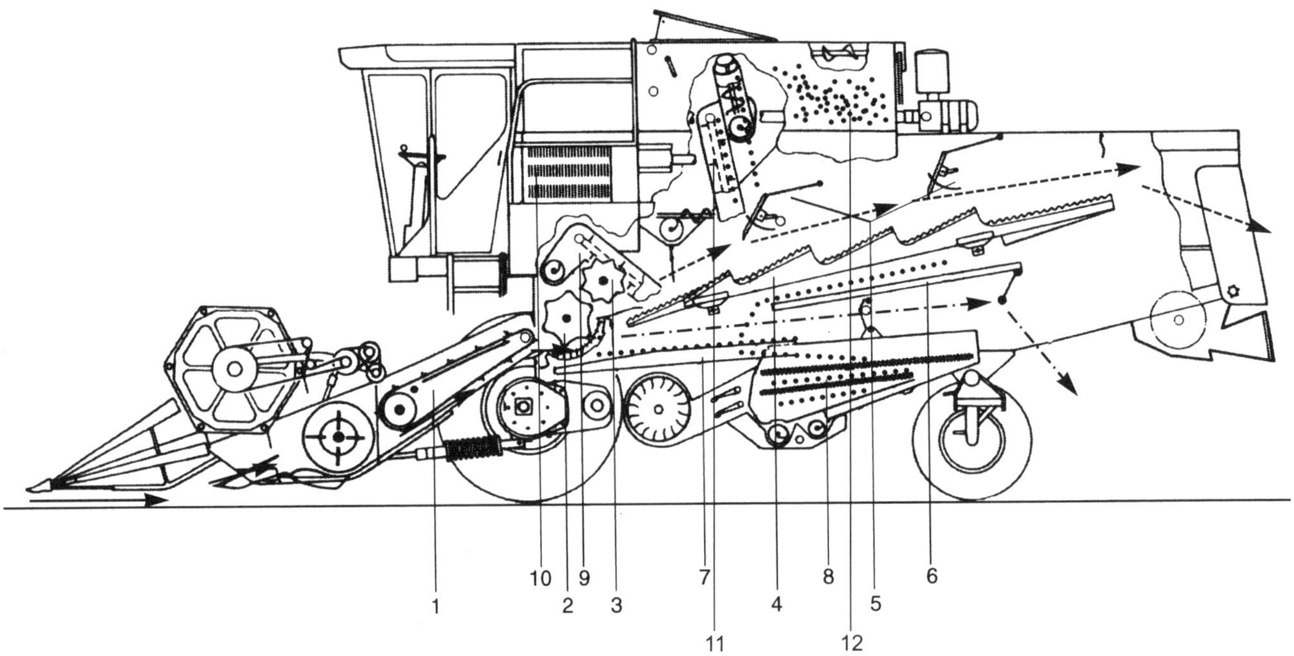

Bezeichnen Sie die Bauteile des Mähdreschers.

1. .... 4. .... 7. .... 10. ....

2. .... 5. .... 8. .... 11. ....

3. .... 6. .... 9. .... 12. ....

Zeichnen Sie die Wege von Mähgut, Stroh, Korn und Spreu mit verschiedenen Farben ein.

Schneidwerk

Wie wird das Schneidwerk angetrieben?

....

....

....

....

Welche Einstellungsmöglichkeiten gibt es am Mähwerk?

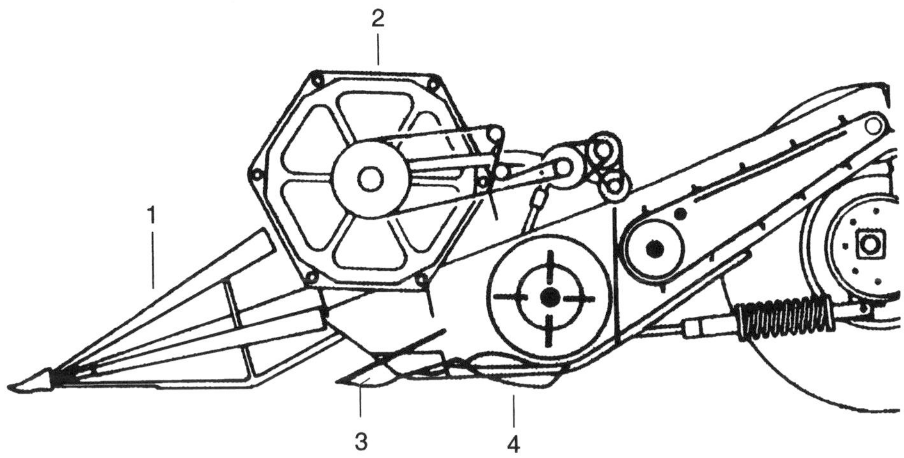

1. ....
2. ....
3. ....
4. ....

Dreschwerk

Die Aufgabe des Dreschwerks besteht darin ....

Es besteht aus einer rotierenden .... und den diese umgebenden ....

Beschreiben Sie die Arbeitsweise des Dreschwerks.

....

....

....

....

....

In Abhängigkeit der Dreschgutführung wird unterschieden in .... und

....

Beschreiben Sie die Unterschiede.

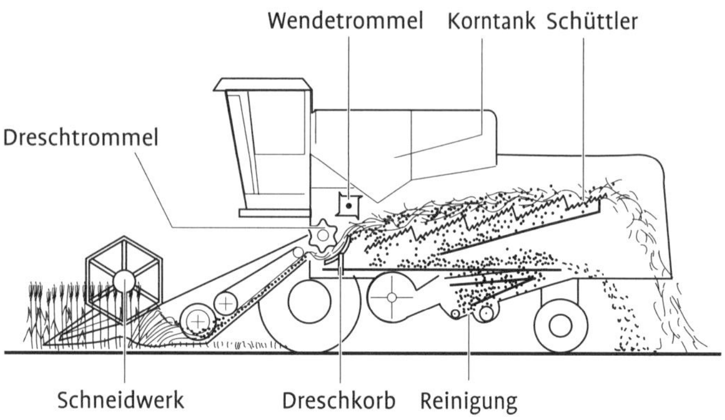

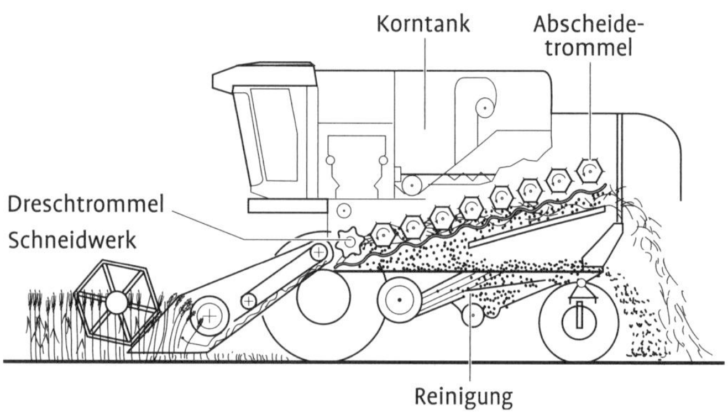

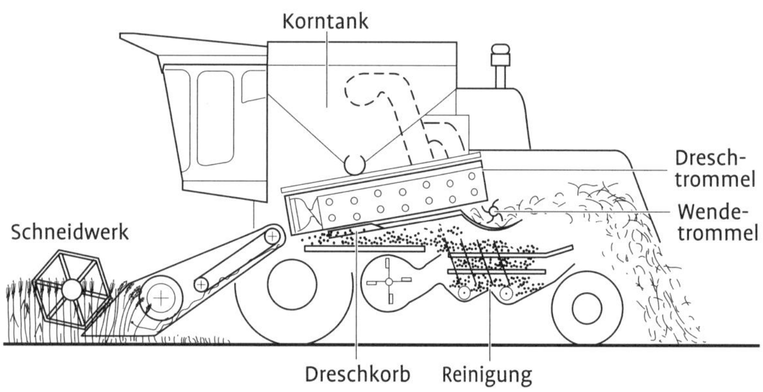

....

....

....

....

....

....

....

....

....

....

....

....

....

....

....

....

....

....

....

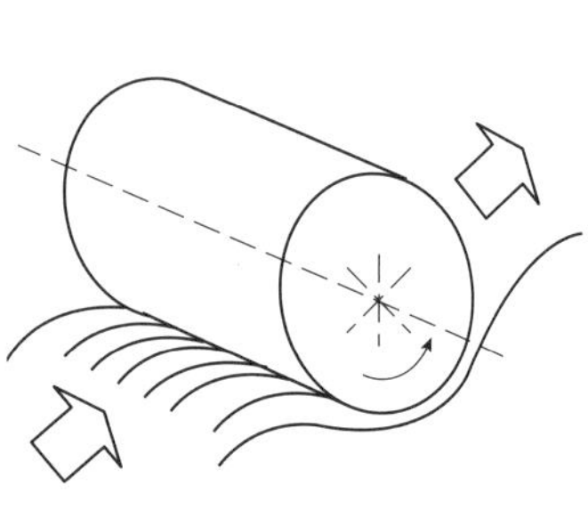

....

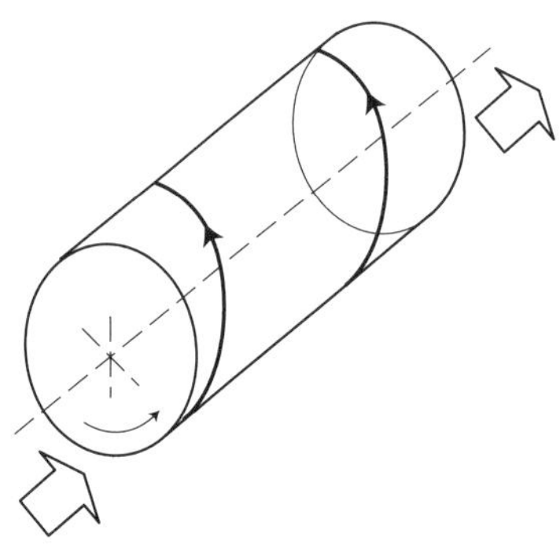

....

Konventionelles Dreschwerk

Dreschwerk mit Beschleuniger

Welche Vorteile bietet der Beschleuniger?

....

....

Etwa 80 % der Körner fallen durch den Dreschkorb auf den Vorbereitungsboden, der Rest bleibt im Stroh.

Daher wird bei .... zusätzlich der .... oder die

.... nachgeordnet um diese Restkörner vom Stroh zu trennen. Welche Voraussetzungen müssen für eine saubere Schüttlerarbeit gegeben sein?

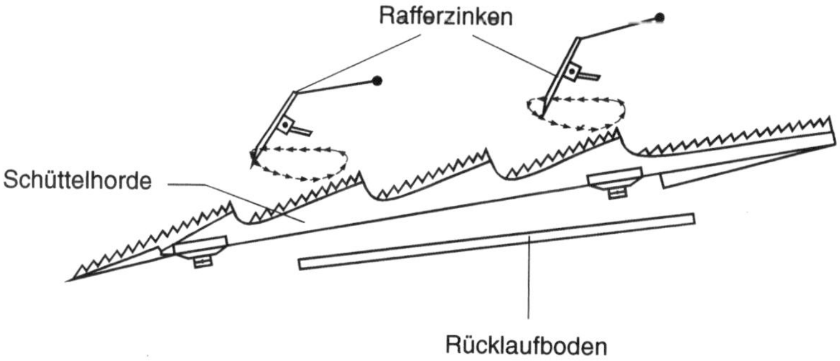

....

....

....

....

....

....

Mähdrescher mit großer Arbeitsbreite haben zusätzlich Abscheider eingebaut.

Bezeichnen Sie die abgebildeten Systeme.

....

Kombiniertes Dreschwerk- und Abscheidewerk:

Beschreiben Sie die Vorgänge der Abscheidung.

....

....

....

....

....

....

....

Reinigungsorgane

Welche Aufgabe übernimmt die Reinigungsanlage und wie arbeitet sie?

....

....

Bezeichnen Sie die Bauteile der Reinigungsorgane und ihre Einstellungsmöglichkeiten

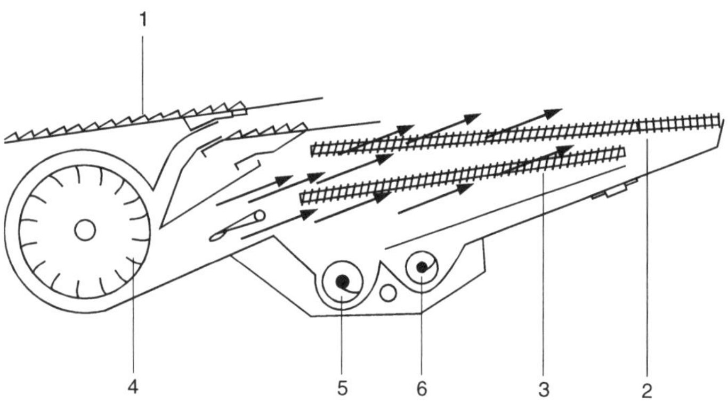

Bauteile	Einstellungen
....	....
....	....
....	....
....	....
....	....
....	....

Zeichen Sie in die Abbildung den Weg der Körner ein.

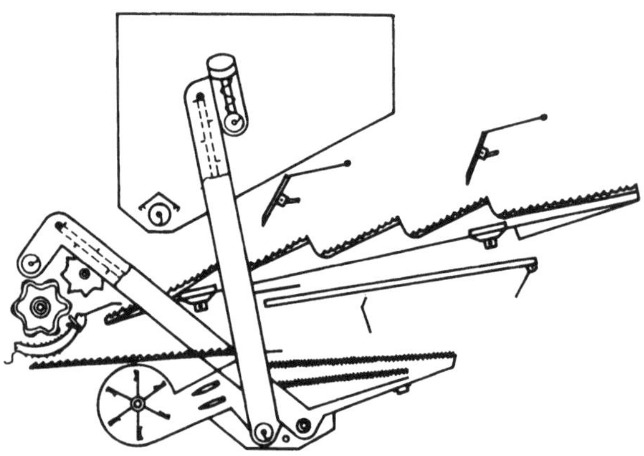

Welche Aufgabe hat die Überkehr?

....

....

Wie lassen sich die Entleerungszeiten des Korntanks verkürzen?

....

....

....

Welche Arbeitsschutzeinrichtungen sind für den Maschinenführer vorgeschrieben?

....

....

....

Antrieb

Der Antrieb der einzelnen Organe erfolgt von einem zentralen Motor aus über Keilriemen, Ketten und Regeltrieb (Variator). Welche Möglichkeiten bietet der Regeltrieb?

....

....

Wie arbeitet der Regeltrieb?

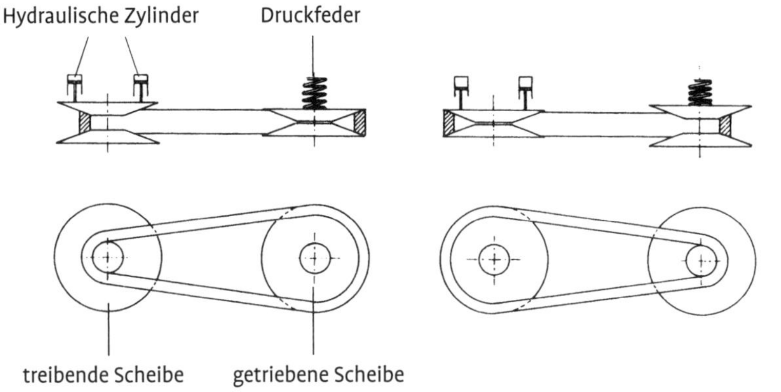

....

....

....

....

....

....

....

....

Wie ist die Einstellung zu korrigieren, wenn folgende Mängel auftreten?

Ähren werden abgeschnitten (Schneidwerkverluste) ....

....

Körner sind im Stroh (Reinigungsverluste) ....

....

Bruchkörner treten auf ....

....

Halb ausgedroschene Ähren sind im Stroh (Dreschverluste) ....

....

....

Verstopfungen des Schneidwerks NIE bei laufender Maschine entfernen!

Welche besondere Einstellung des Mähdreschers ist zu beachten?

a) Sommergerste bei trockener Witterung:

b) Winterweizen wird gegen Abend gedroschen – Stroh etwas zäh:

Warum ist der Mähdrusch am Hang in der Regel mit hohen Verlusten oder geringeren Druschleistungen verbunden?

Hangarbeit

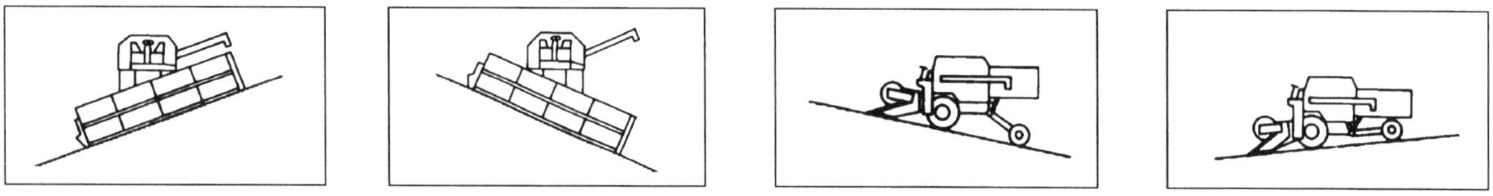

Welche technischen Möglichkeiten gibt es, um diese Mängel zu beseitigen?

Hangfahrt:

Berg- und Talfahrt:

Trocknungs- und Lagerungstechnik

Fördereinrichtung für Getreide

Bei der Getreideernte fallen große Mengen an Körnern an. Wer Getreide selbst lagert bzw. trocknet, benötigt leistungsfähige Fördergeräte. Nennen Sie die unterschiedlichen Systeme der Förderung.

....

Bezeichnen Sie die abgebildeten Körnergebläse und ihre Bauteile

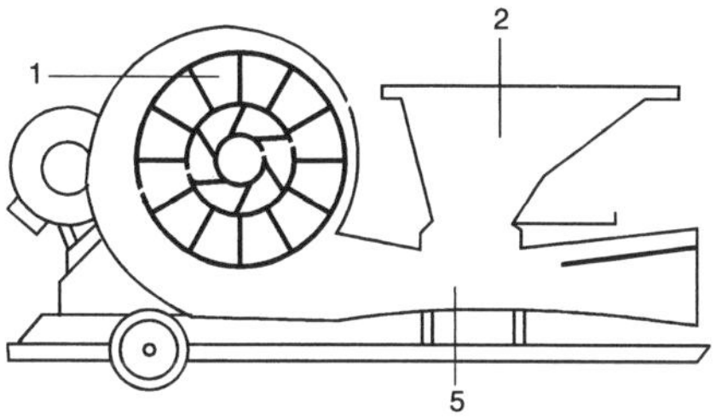

....

Bauteil:

1 ....

2 ....

3 ....

4 ....

5 ....

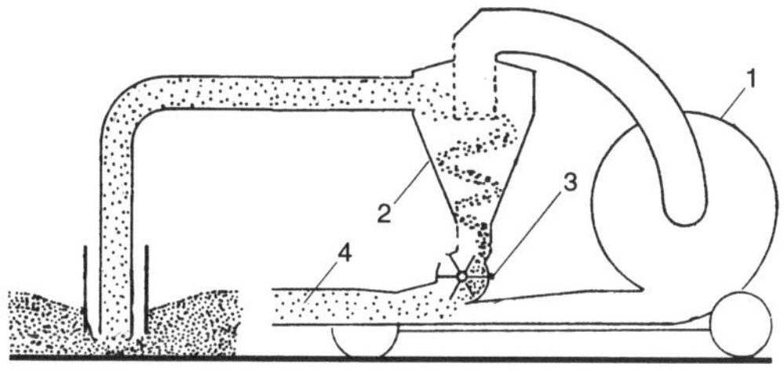

....

Zeichnen Sie den Weg des Getreides rot, den Weg der Luft blau ein.

Bezeichnen Sie die abgebildeten mechanischen Fördergeräte und geben Sie ihre Einsatzmöglichkeiten an.

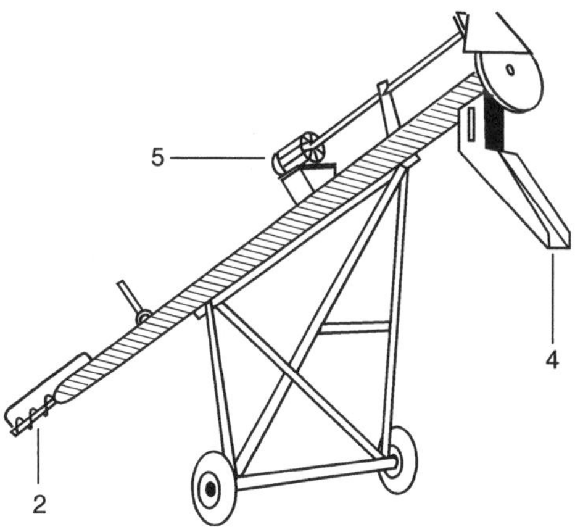

Bauteile:

1 ....

2 ....

3 ....

4 ....

5 ....

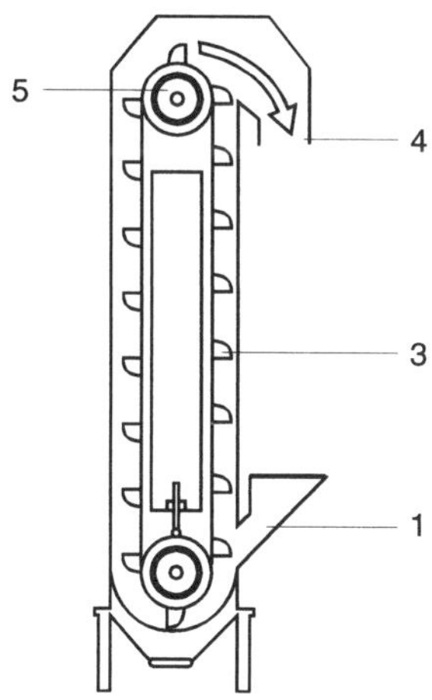

....

....

....

....

....

Um Getreide und andere Körner zu trocknen, stehen verschiedene Trocknungssysteme zur Verfügung.

Unterschieden werden sie in .... und in ....

Benennen Sie die Bauformen und erklären Sie ihre Arbeitsweise.

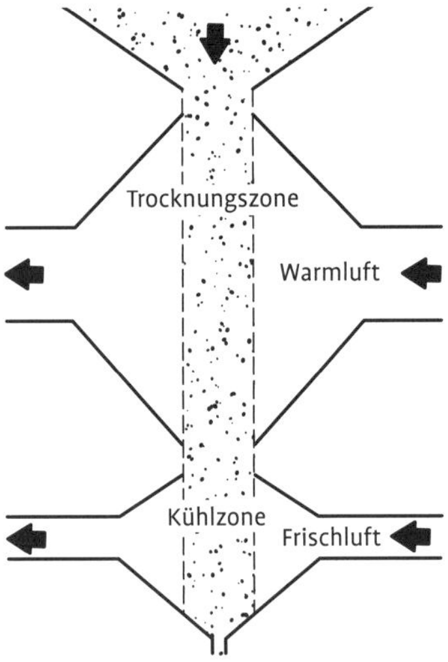

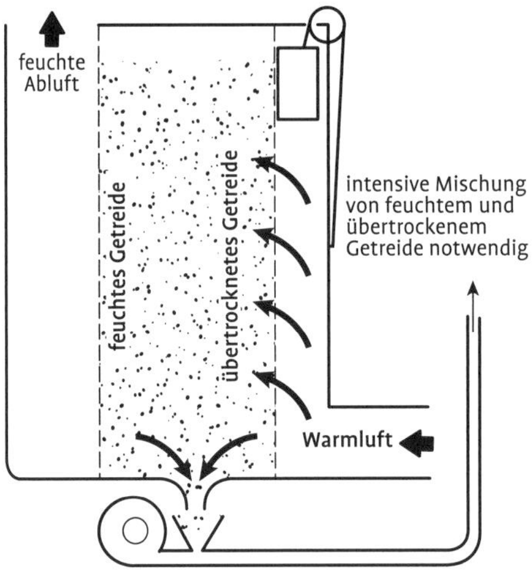

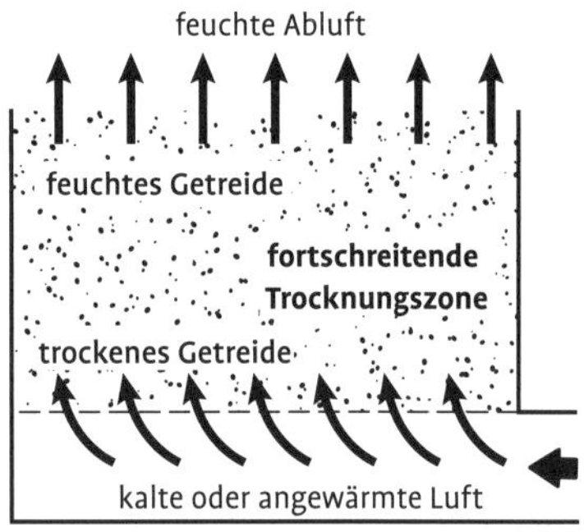

a) ....
....

b) ....
....

c) ....
....

a) ....
....
....
....

b) ....
....
....
....
....

c) ....
....
....
....
....

Die Lagerhöhe ist abhängig von der ....

Max 3 m Höhe bis ....

Max 4 m Höhe bis ....

Max 5 m Höhe bis ....

Um die Back- und Keimfähigkeit von Getreide nicht zu beeinträchtigen, dürfen bestimmte Temperaturen nicht überschritten werden. Ergänzen Sie die Tabelle.

Kornfeuchte in %	Weizen	Roggen Hafer Gerste Konsumwaren	Saatgut und Braugerste	Mais
16	....	....	....	....
18	....	....	....	....
20	....	....	....	....
22	....	....	....	....
24	....	....	....	....

Trocknertyp	Zulässige Temperatur der Trocknungsluft			
Satztrockner	....	....	....	....
Umlauftrockner	....	....	....	....
Durchlauftrockner	....	....	....	....

Quelle: KTBL, Taschenbuch f. Arbeits- und Betriebswirtschaft

Das Verfahren der Körnerkühlung erlaubt eine verlustarme Lagerung feuchten Getreides für einige Wochen.

Die Kornfeuchte sollte .... möglichst nicht übersteigen.

Beschreiben Sie das Verfahren der Getreidekühlung.

....
....
....
....
....
....
....
....
....
....
....
....
....
....

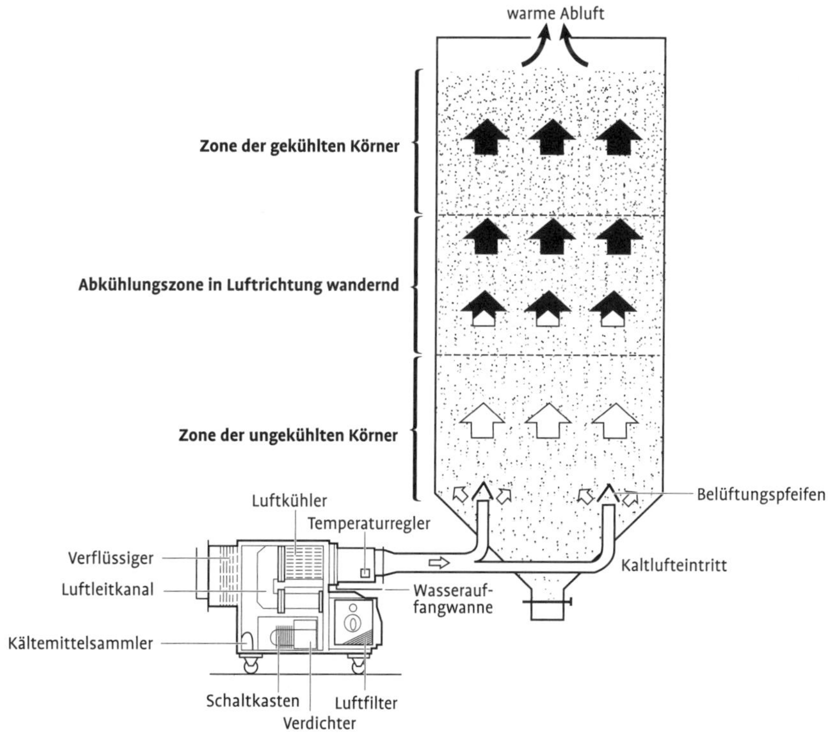

Der notwendige Wasserentzug je dt Trocknungsgut ist abhängig von der Anfangsfeuchte (F1) d der angestrebten Endfeuchte (F2).

Berechnet wird er: Wasserentzug in kg / dt = $\frac{100 \times (F1 - F2)}{100 - F2}$

Aufgabe

Es werden 350 dt Weizen mit 17,5 % Feuchtigkeitsgehalt geerntet. Wie viel dt Weizen werden nach der Trocknung auf 14 % eingelagert und wie viel Wasser wurde verdampft?

....

....

....

....

....

....

Technik des Kartoffelbaus

Pflanztechnik

Die Legemaschinen können je nach Ausstattung bis zu fünf Arbeitsschritte erledigen:

a) .... b) .... c) ....

d) .... e) ....

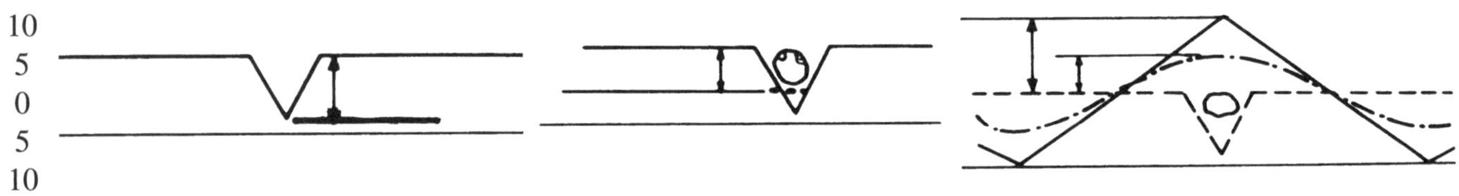

Tiefe der Legerinnen je nach Knollengröße von .... cm bis .... cm

Legetiefe ∅ .... cm

Reihenabstand .... cm

Abstand in der Reihe .... cm

Höhe der Bedeckung nach dem Zudecken .... cm

Höhe der Bedeckung nach dem Abschleppen .... cm

Automatische Legemaschinen

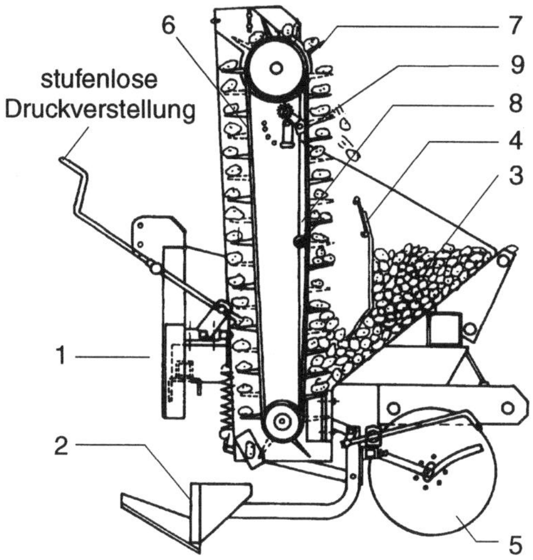

Benennen Sie die Bauteile.

....
....
....
....
....
....
....
....
....

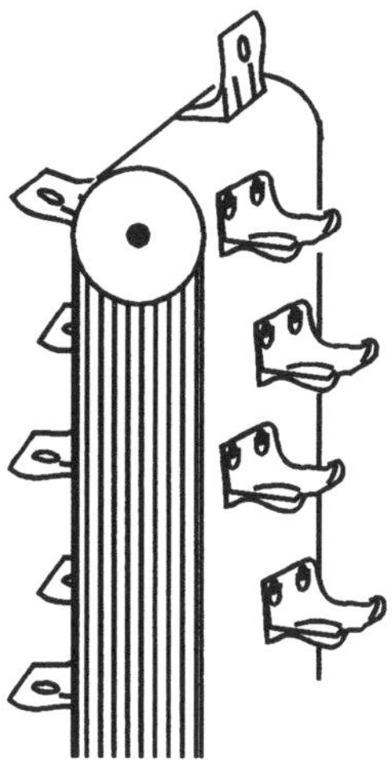

Wie wird die Einzelablage bei der abgebildeten Maschine erreicht?

....
....
....

Wie lassen sich hohe Legeleistungen erreichen?

....
....
....

Halbautomatische Legemaschinen

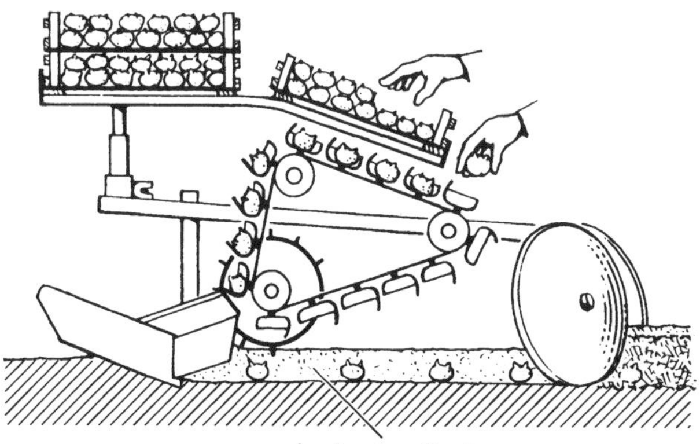

Warum werden vorgekeimte Kartoffeln vorwiegend mit halbautomatischen Geräten gelegt?

....
....
....

Nennen Sie Sonderausrüstungen der Legemaschinen:

....
....
....

Pflegetechnik

Mechanische Unkrautbekämpfung verringert den Einsatz von Spritzmitteln, deshalb gewinnen Pflegegeräte stärker an Bedeutung. Welche Arbeiten erledigen Pflegegeräte?

....

Allgemeine Pflegegräte in Getreide und Hackfrucht

Hackstriegel

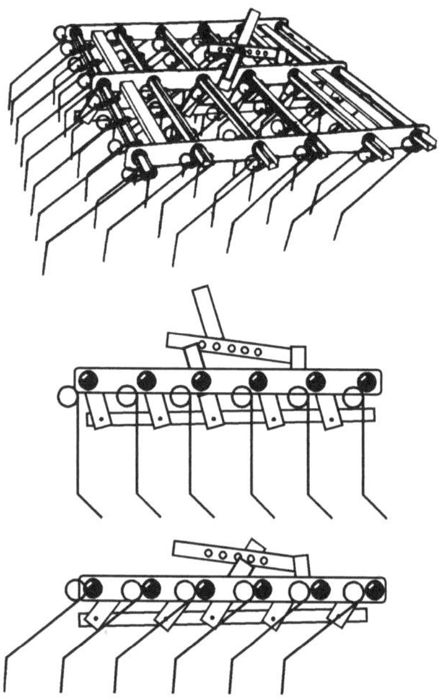

Der Hackstriegel ist vielseitig einsetzbar.
Welche Vorteile hat er?

....

Erklären Sie die beiden Abbildungen.

....

Hackgerät

a)

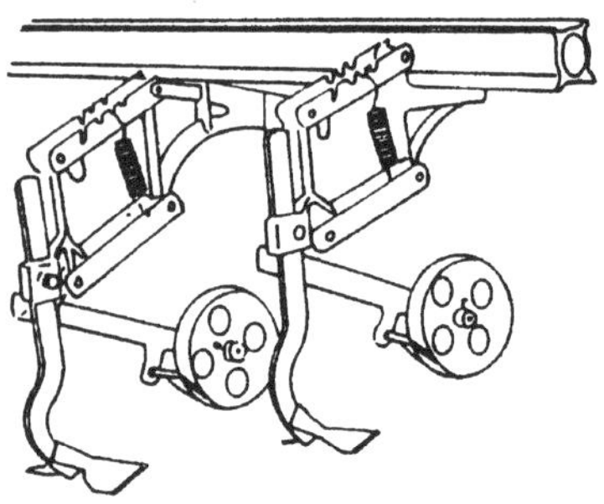

Das Hackgerät ermöglicht gegenüber dem Hackstriegel eine tiefere Bodenbearbeitung.

Wie erfolgt die Tiefenführung der Hackwerkzeuge?

....

b)

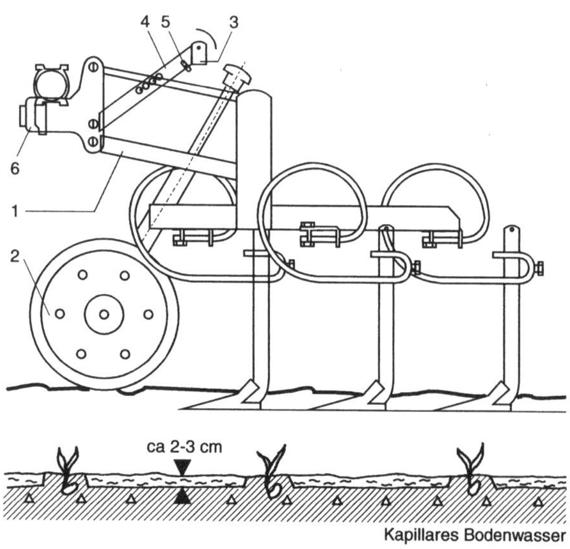

Wie unterscheidet sich der Anbau der Hackwerkzeuge an beiden Geräten?

a) ....

b) ....

Welche Wirkungen ergeben sich daraus?

a) ....

....

b) ....

....

Bezeichnen Sie die Geräte für die Kartoffelpflege.

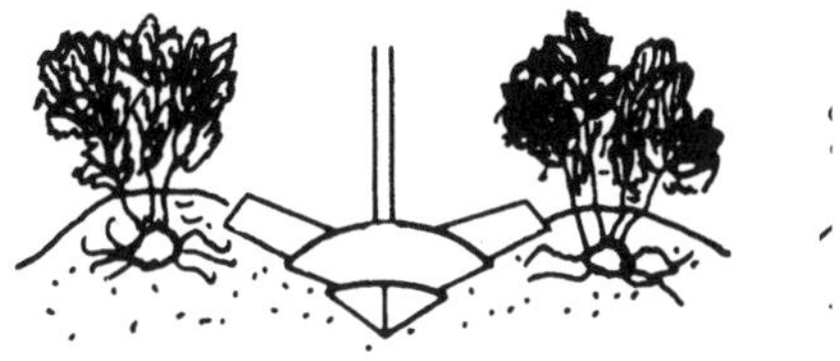

....

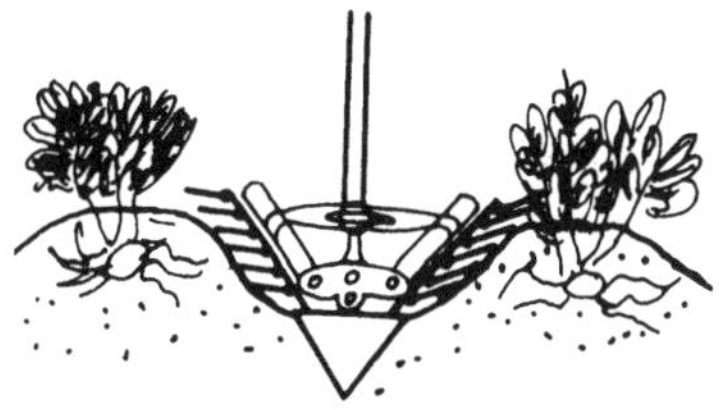

....

....

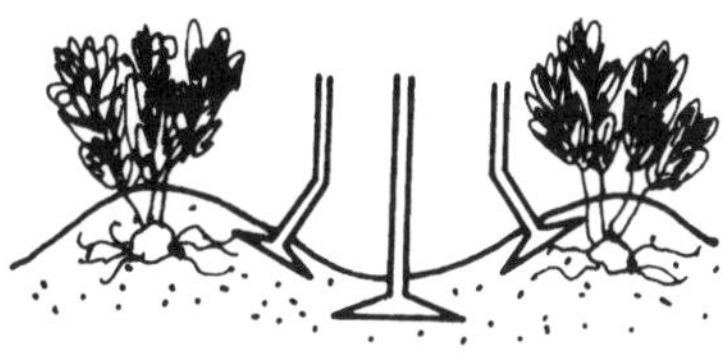

....

Bezeichnen Sie die Werkzeuge:

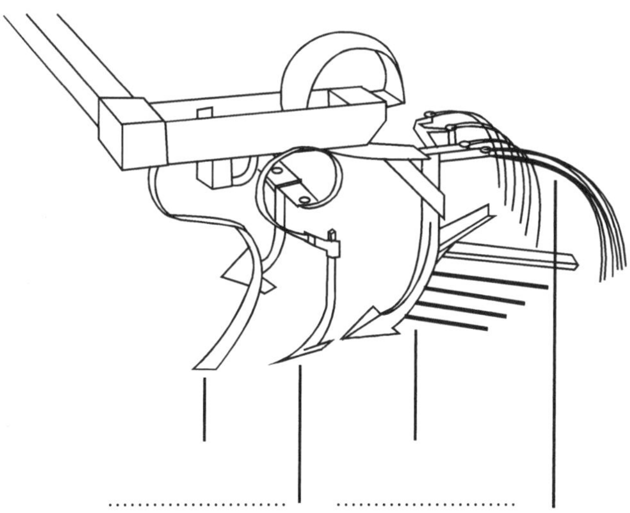

....

....

Die Werkzeuge werden in Kombination gefahren. Zählen Sie Gerätekombinationen im Kartoffelbau auf.

....

....

....

....

Welche Verstellmöglichkeiten an abgebildetem Kombigerät gibt es?

....

....

....

....

Erntetechnik

Kartoffelvollernter erledigen folgenden Arbeiten:

a)	c)	e) ....
b)	d)	f) ....

Unterschieden wird in

1. Bunkerroder

Einreihiger Vollernter

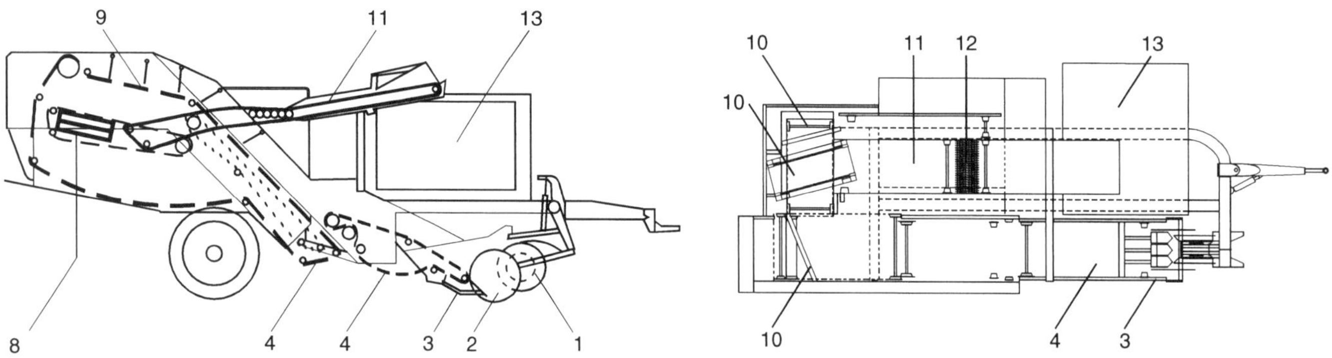

Zweireihiger Vollernter

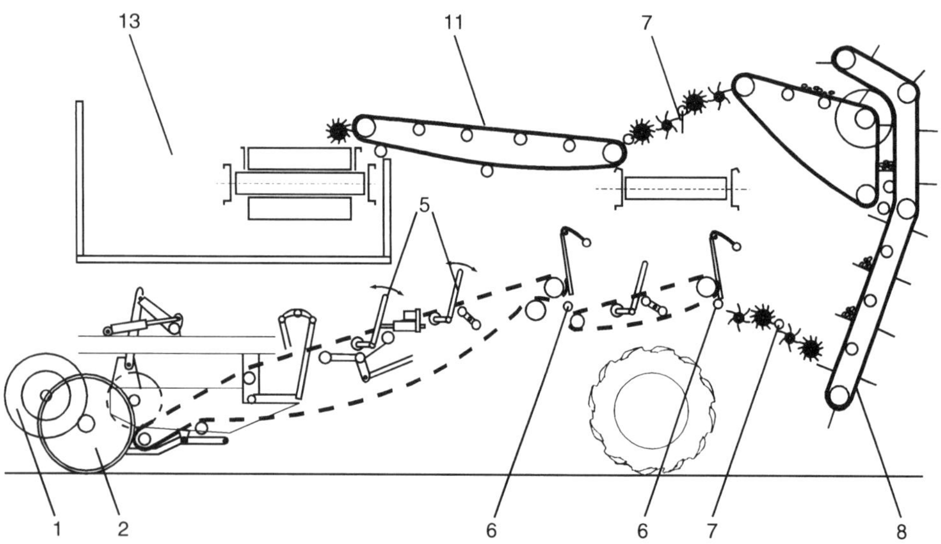

Bezeichnen Sie die Bauteile:

1 ....

2 ....

3 ....

4 ....

5 ....

6 ....

7 ....

8 ....

9 ....

10 ....

11 ....

12 ....

13 ....

2. Verladeroder

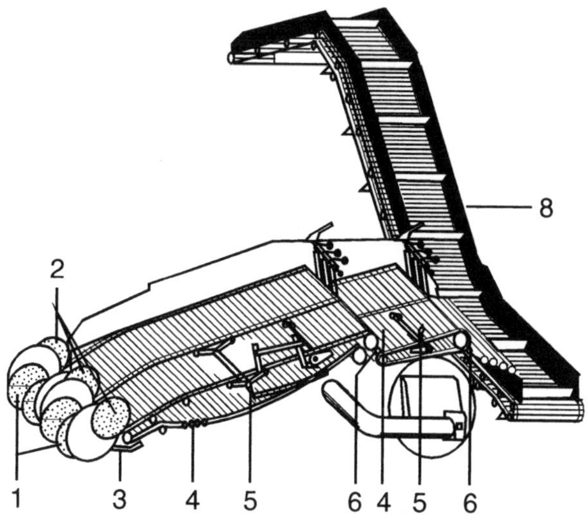

Welche Voraussetzungen müssen für die Direktverladung gegeben sein?

....

....

....

....

....

....

....

....

....

Beschreiben Sie die Aufgaben der Aufnahmeorgane.

....

....

....

....

....

....

....

....

....

....

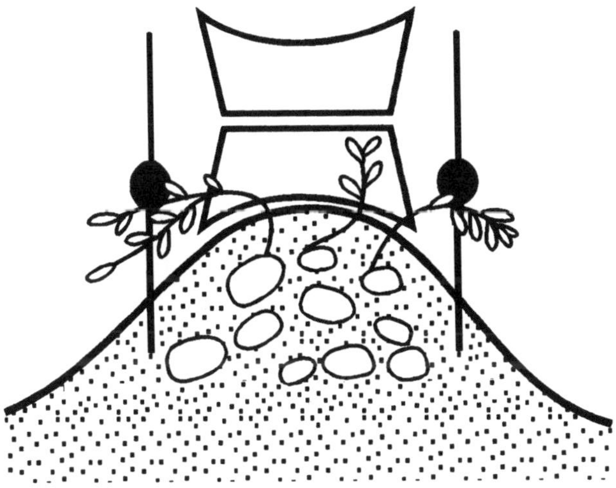

Zeichnen Sie die richtige Arbeitstiefe der Rodeschare ein und ergänzen Sie:

Richtige Tiefe: ....

....

Zu flach bedeutet: ....

....

Zu tief bedeutet ....

....

Die Absiebung des Bodens soll rasch und für die Knollen schonend erfolgen. Berichten Sie hierüber:

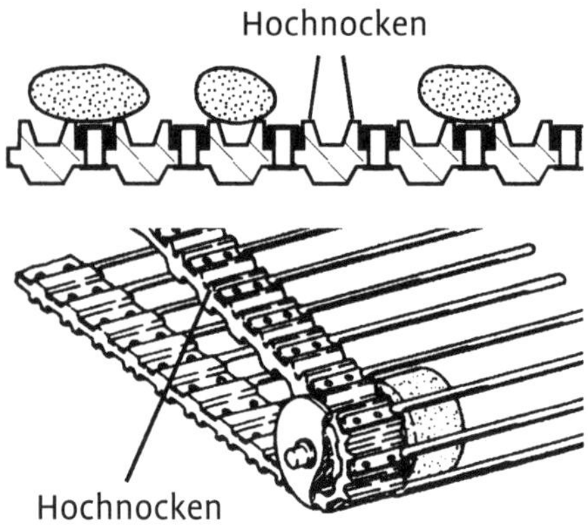

Wie erfolgt die Trennung des Krautes?

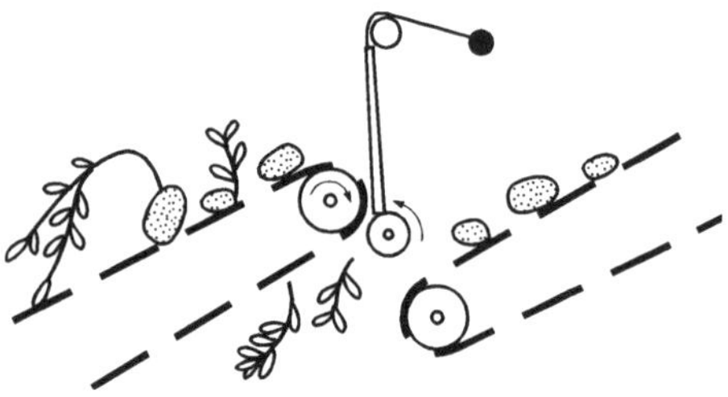

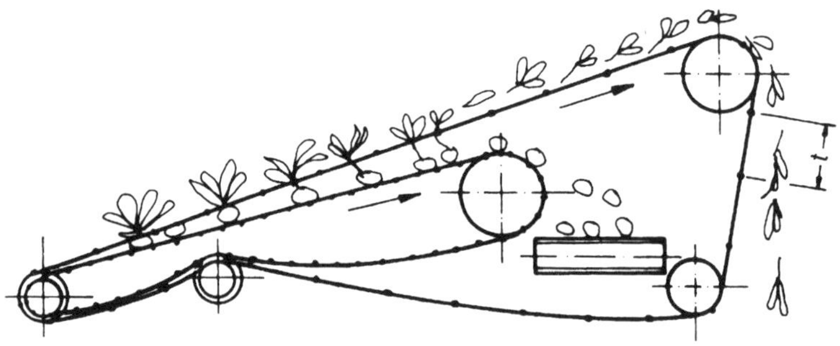

Je nach Steinbesatz und Bodenbeschaffenheit werden unterschiedliche Trenneinrichtungen eingesetzt.

Wie erfolgt die Trennung der Steine und Kluten?

a)

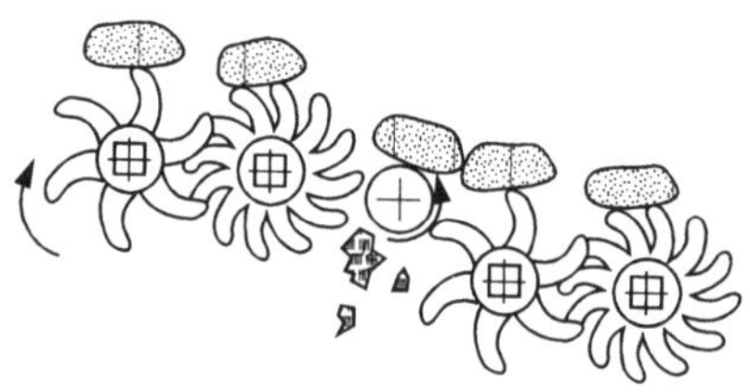

b)

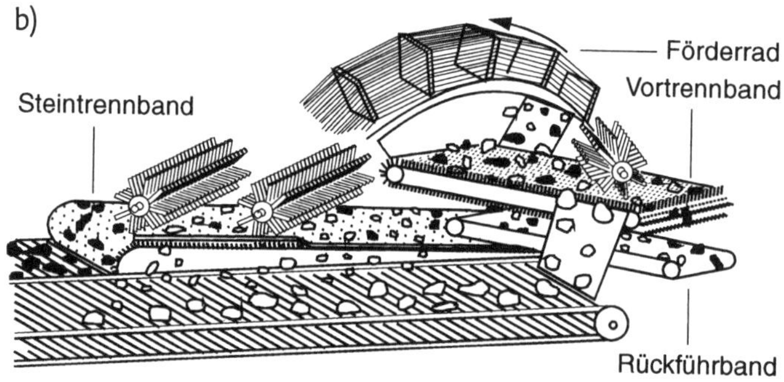

a)

b)

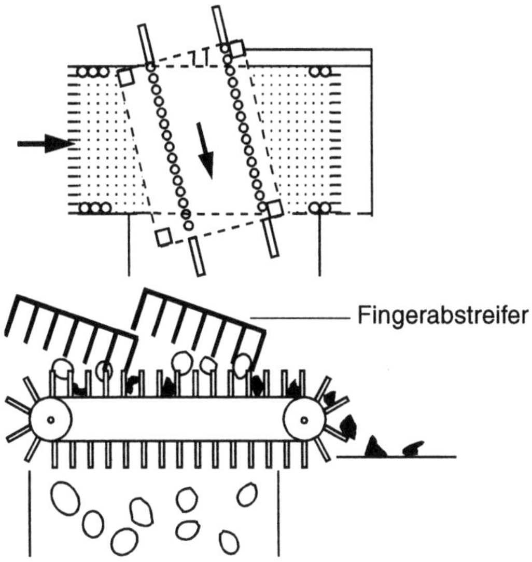

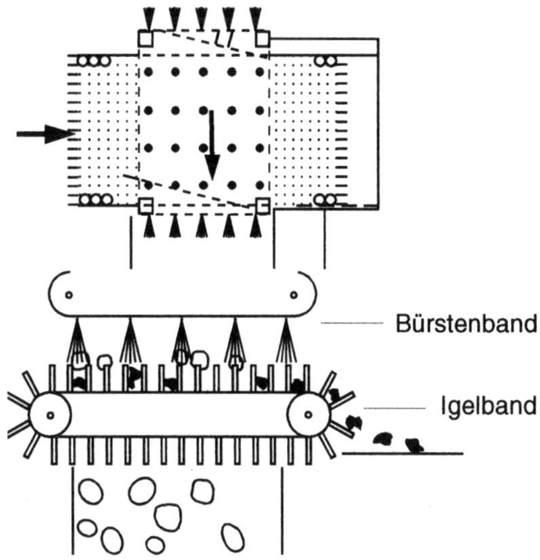

....

....

....

....

....

....

....

Die Trennung erfolgt nach

a) .... b) ....

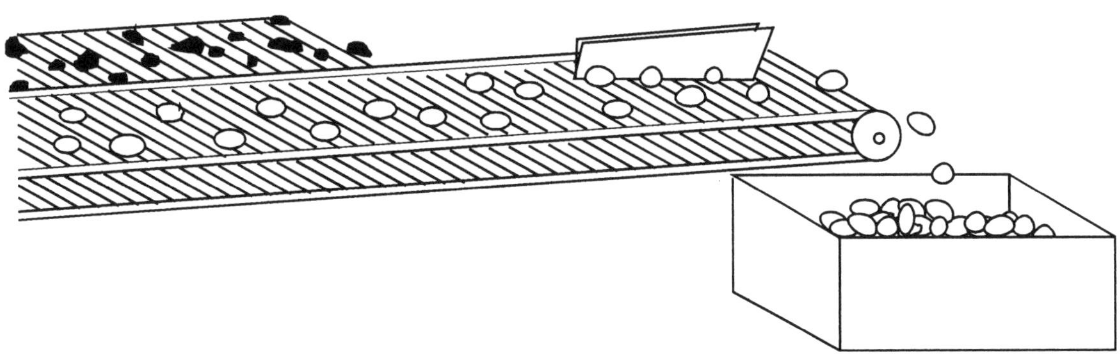

Wer Marktware will, muss eine weitere Auslese vornehmen. Erklären Sie diese.

....

....

....

Technik des Zuckerrübenbaus

Pflegetechnik

Mais und Rüben werden bereits im frühen Wachstumsstadium gehackt.

Wie können Pflanzen bei Pflegearbeiten geschützt werden?

a) ....

....

b) ....

....

c) ....

....

d) ....

....

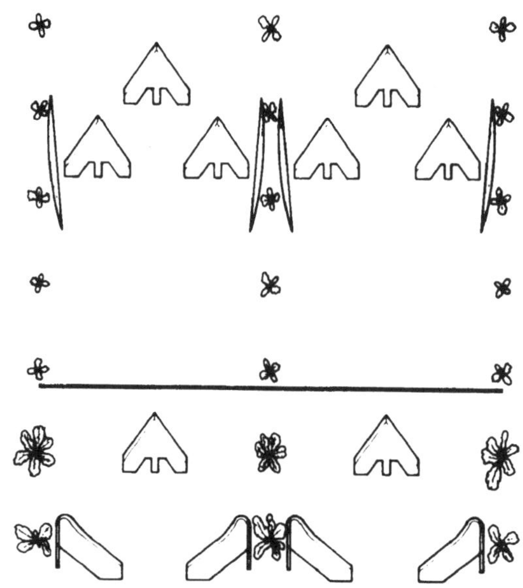

Erntetechnik

Rübenvollernter erledigen folgende Arbeiten:

a) .... c) .... e) ....

b) .... d) .... f) ....

Unterschieden wird in

1. .... 2. ....

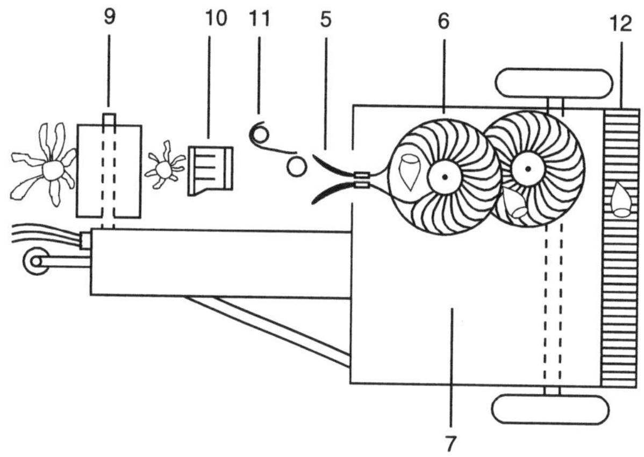

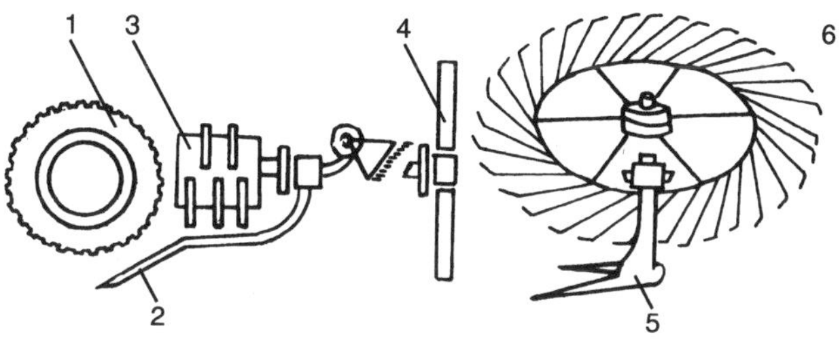

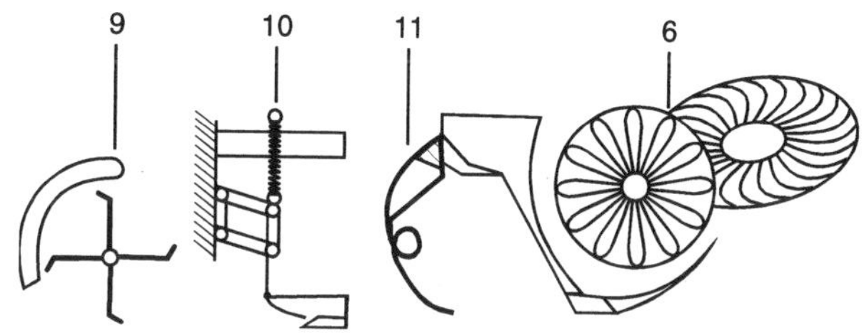

Benennen Sie die Bauteile.

1	5	9 ....
2	6	10 ....
3	7	11 ....
4	8	12 ....

Beschreiben Sie die Köpfeinrichtung der beiden Systeme.

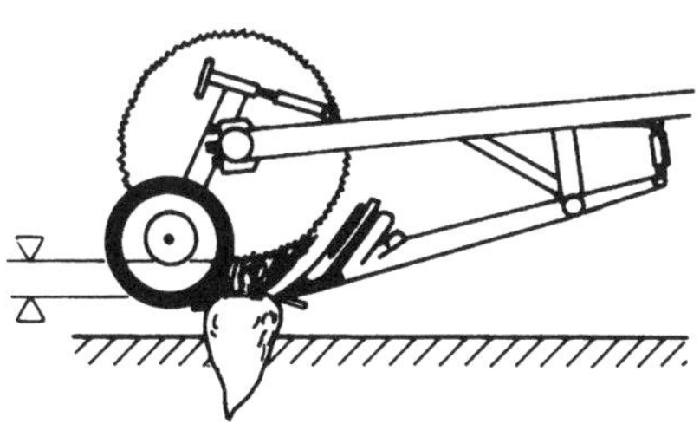

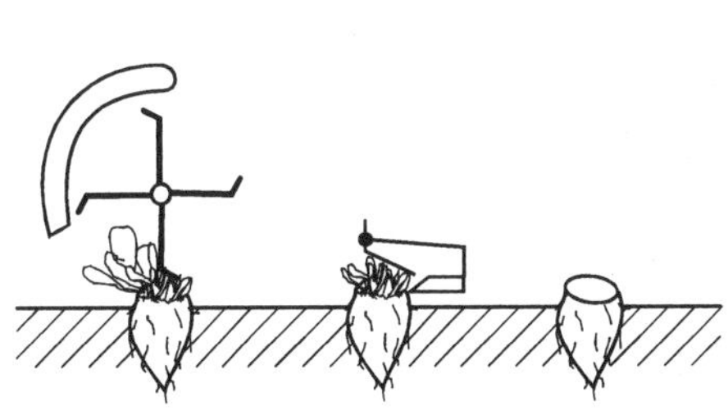

....

....

....

....

Durch Köpfstärken-Steuerung erfolgt eine exakte Schnitthöhe. Erläutern Sie nach den schematischen Abbildungen den Vorgang.

....

....

....

....

....

....

....

....

....

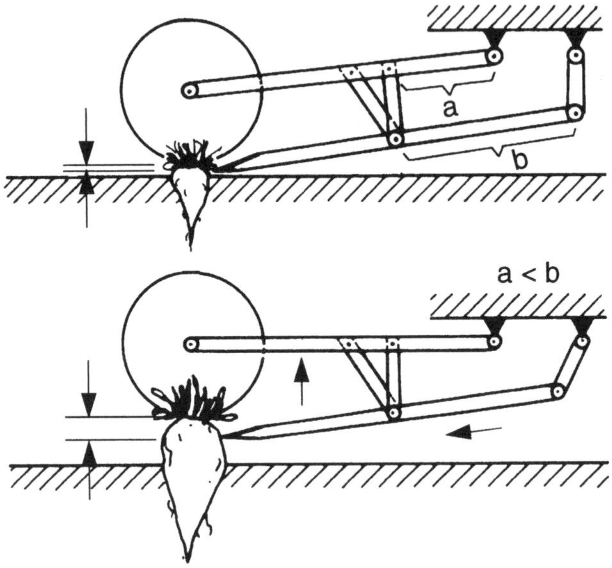

Die Geländeanpassung der Schlegelköpfer erfolgt über Automaten-Taster in Verbindung mit Hydrozylindern (siehe auch unten Lenkautomatik bei den Rodeorganen).

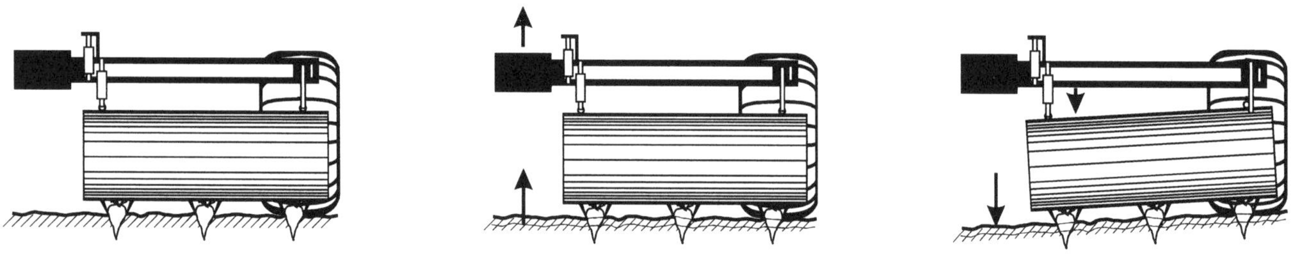

Beschreiben Sie die dargestellten Arbeiten des Rodevorganges.

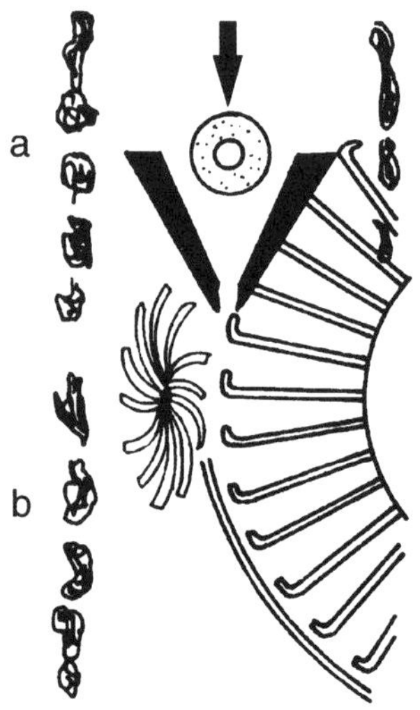

a) ....

....

....

b) ....

....

....

c) ....

....

....

d) ....

....

....

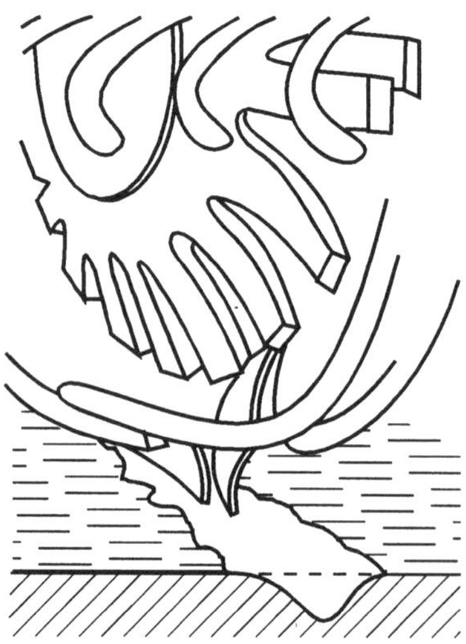

Die seitliche Führung des Rodeschares erfolgt über die Fernbedienung oder über die Lenkautomatik.

Beschreiben Sie die Arbeitsweise.

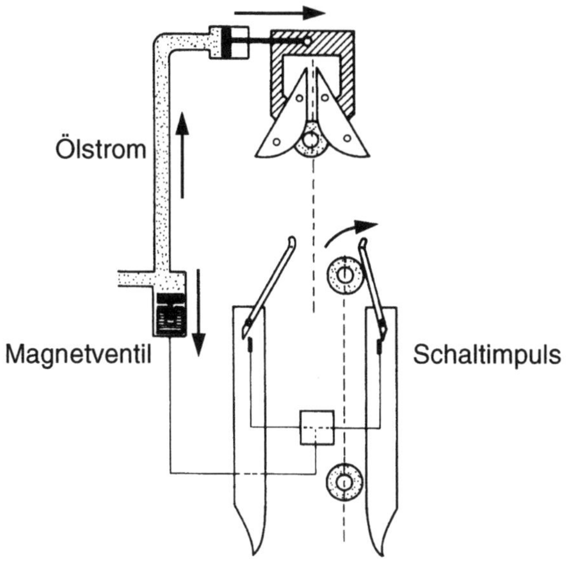

....
....
....
....
....
....
....
....
....

Futterernte und Futterkonservierung

Mäh- und Werbegeräte

Zählen Sie die Anforderungen auf die an Mähwerke gestellt werden.

a) .... c) .... e) ....

b) .... d) ....

Mähwerke mit hin- und hergleitenden (oszillierenden) Messern.

Benennen Sie die Mähwerke.

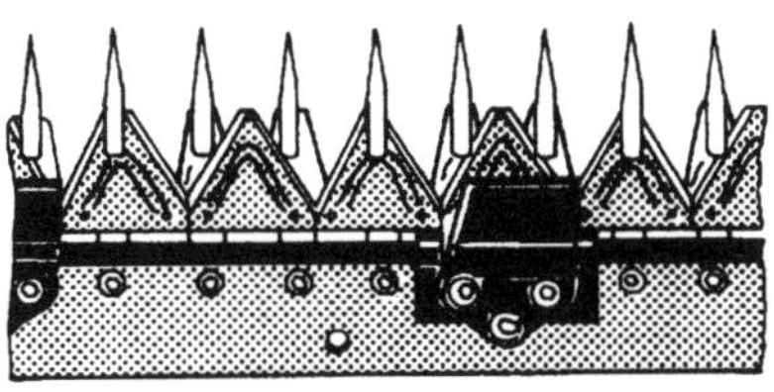

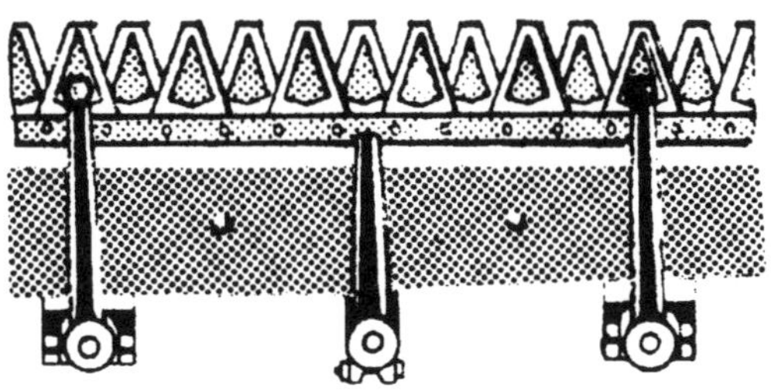

a) .... b) ....

Beschreiben Sie die Arbeitsweise der abgebildeten Mähwerke.

a) ....

b) ....

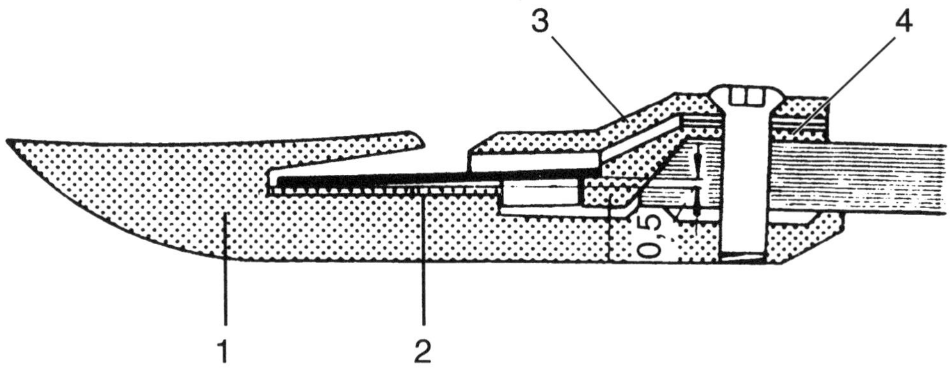

Mähwerk mit Fingermesserbalken arbeiten nur unter drei Voraussetzungen einwandfrei:

a) ....

b) ....

c) ....

Bezeichnen Sie die Bauteile:

1 .... 3 ....

2 .... 4 ....

Fingermesserbalken verlieren zunehmend an Bedeutung. Sie werden auch im Mähdrusch eingesetzt; hierfür verwendet man den Normalschnittmesserbalken. In Motormähern sind Mittelschnitt- bzw. Doppelmesserbalken in Verwendung.

Vergleichen Sie die beiden abgebildeten Fingermesserbalken.

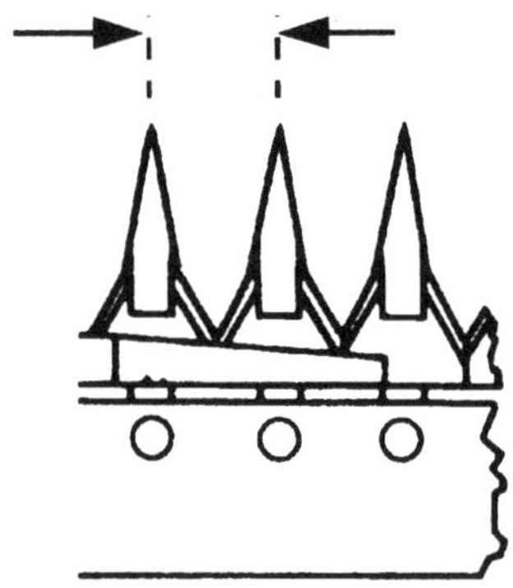

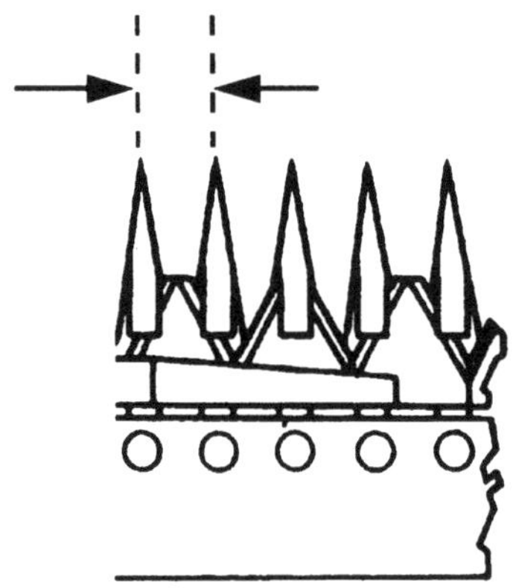

....

Worin unterscheiden sich	oszillierende (Messerbalken)	von rotierenden Mähwerken?
Prinzip	....	....
	....	....
	....	....
Fahrgeschwindigkeit	....	....
Störungsanfälligkeit	....	....
Kraftbedarf	....	....

Rotationsmähwerke

Rotationsmähwerke werden unterschieden in zwei Bauarten.

a)

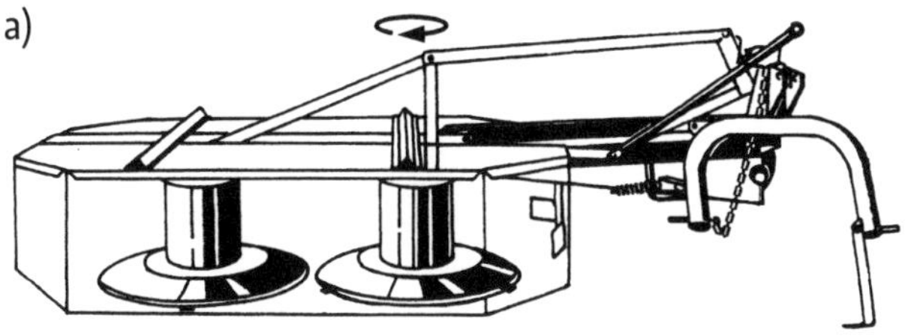

b)

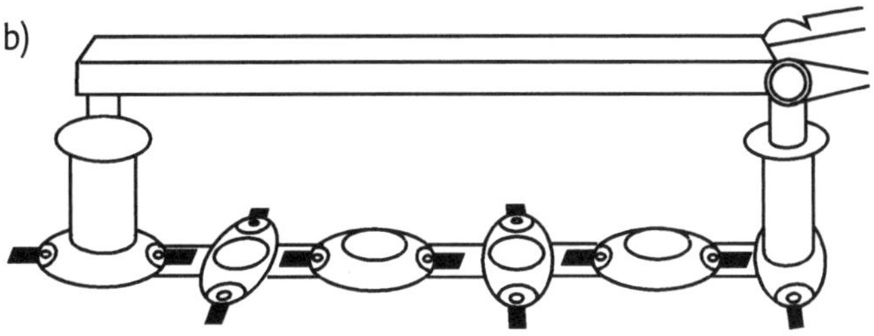

	a)	b) ....
Antrieb	....	....
Zahl der Messer	....	....
Wie erfolgt die Einstellung	....	....
der Schneidwerkzeuge?	....	....
	....	....

Zeichnen Sie die Drehrichtung der Mähscheiben ein.

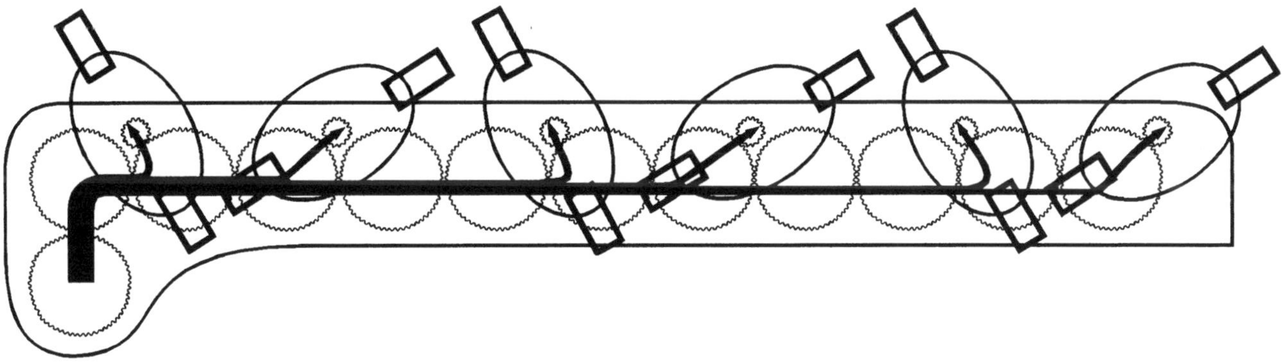

Geben Sie die Eignung der abgebildeten Schneidwerkzeuge an.

....

....

....

....

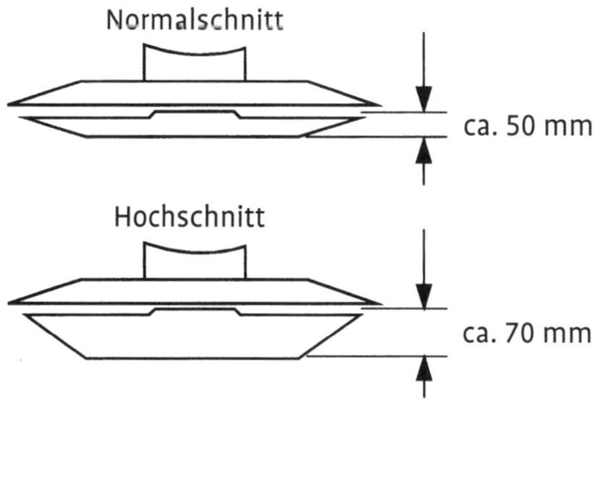

Wichtig ist bei beiden Mähwerken die Bodenanpassung.
Wie wird sie erreicht?

....

....

....

....

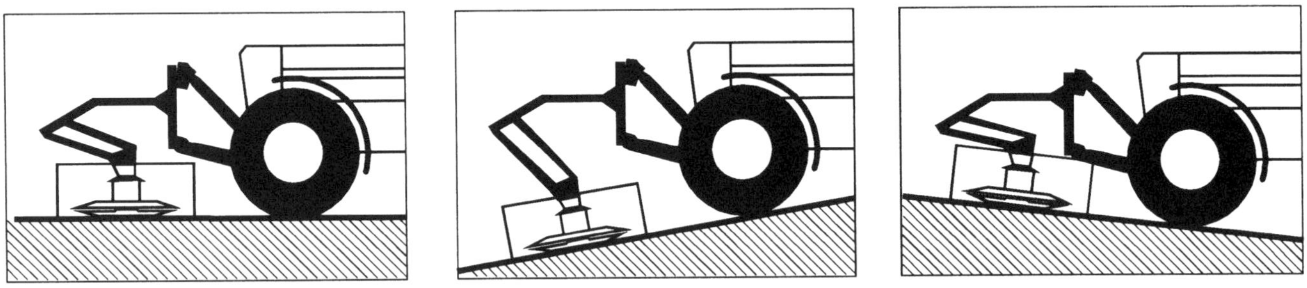

Wie können Unfälle vermieden werden?

....

....

....

....

....

....

....

Heuwerbemaschinen

Heuwerbemaschinen beschleunigen die Trocknung des Futters.

Welche Arbeiten fallen bei der Heuwerbung an?

a) .... b) .... c) .... d) ....

Welche Anforderungen werden an die Geräte gestellt?

1. .... 3. ....

2. .... 4. ....

1. Mähaufbereiter

Mähaufbereiter sind in der Regel mit dem Mähwerk kombiniert.

Unterschieden wird in:

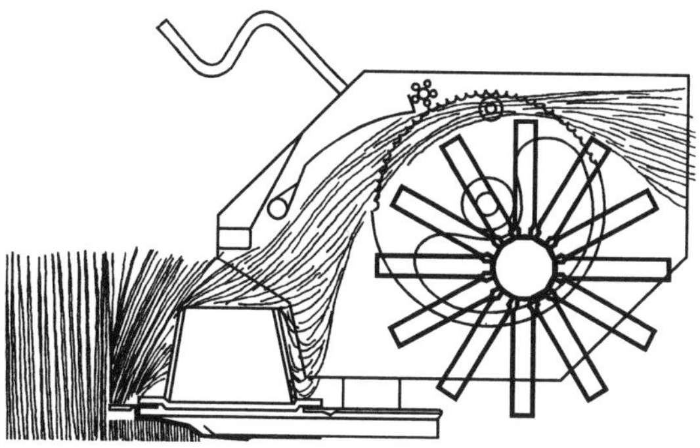

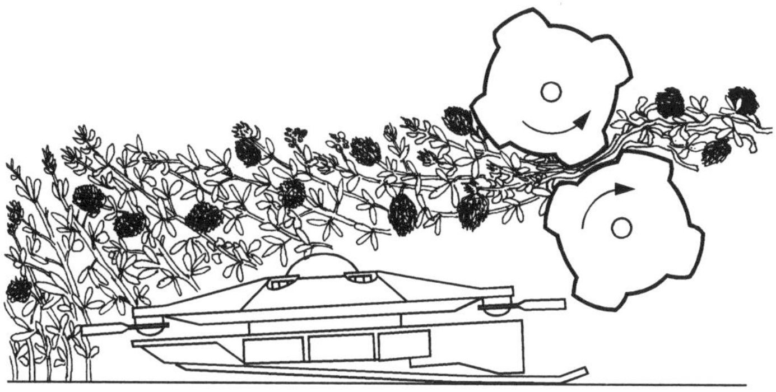

....

Geeignet für: Geeignet für:

....

Begründen Sie: Begründen Sie:

....

Berichten Sie über die Wirkung der o. g. Geräte.

....

....

....

....

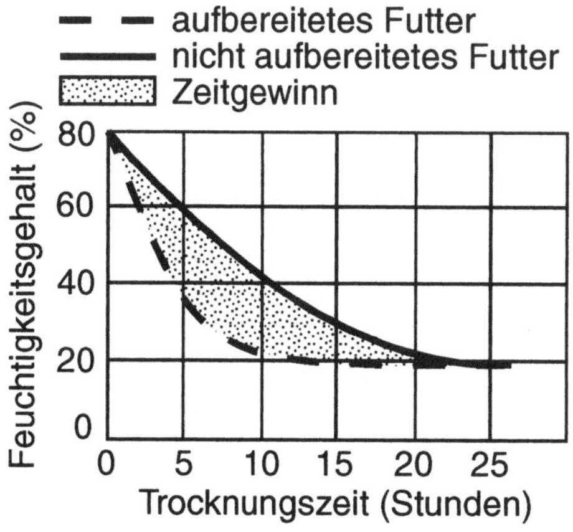

Wird das Futter erst nach dem Mähen aufbereitet, so ist eine Futteraufnahme aus dem Schwad notwendig.

Welche Aufgaben erfüllen die Walzen?

1 ....

2 ....

3 ....

4/5 ....

6 ....

7 ....

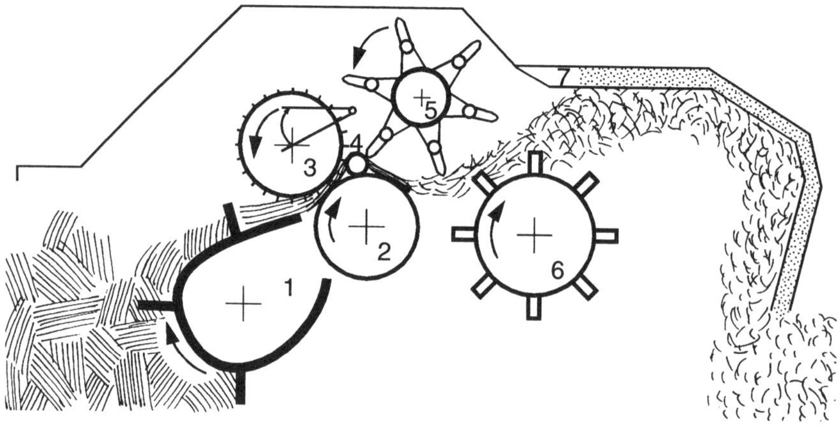

2. Kreiselzettwender

Wozu eignen sich Kreiselzettwender? ....

Die Arbeitsbreiten von Mähwerk und Zettwender sollten aufeinander abgestimmt sein.

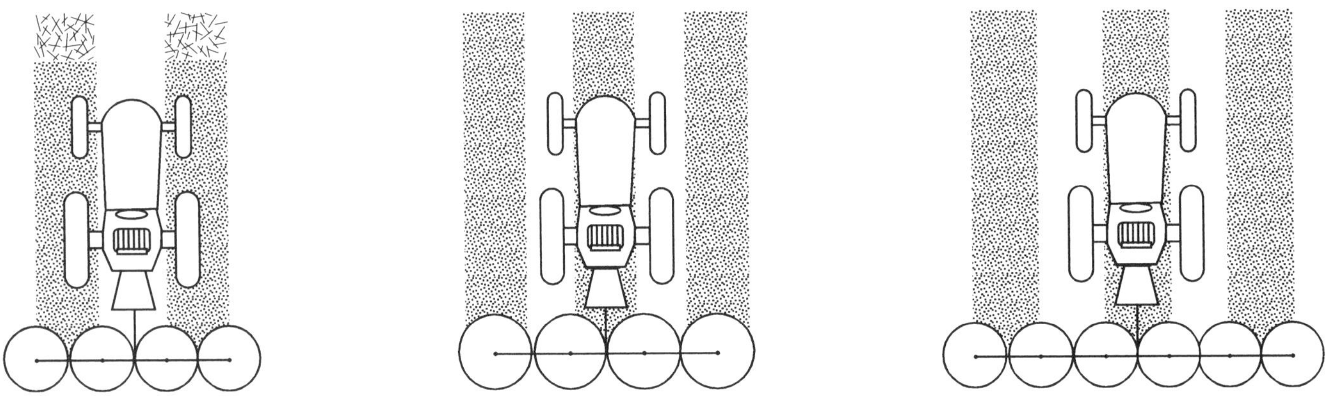

Die Verteilung ist:

....

Begründen Sie:

....

....

Wodurch wird eine exakte Bodenanpassung erreicht?

....

....

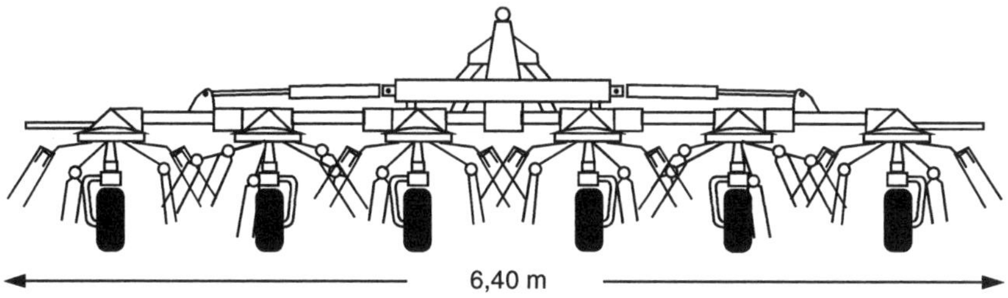

Stellung des Streuwinkels

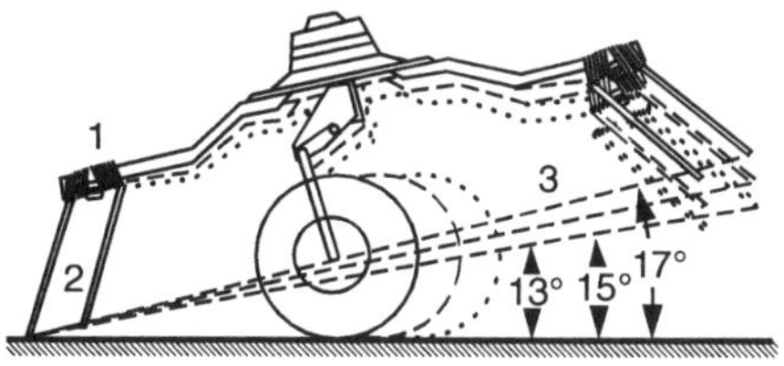

Um eine gleichmäßige Verteilung zu erreichen, ist die Fahrgeschwindigkeit, Drehzahl der Kreisel und Stellung des Streuwinkels dem Feuchtegehalt des Futters anzupassen. Ergänzen Sie:

	Drehzahl der Kreisel	Fahrgeschwindigkeit	Stellung des Streuwinkels
Grünes Gut zetten	....	....	....
Angewelktes Gut wenden	....	....	....

Zur Arbeitserleichterung sind nötig:

....

....

....

....

....

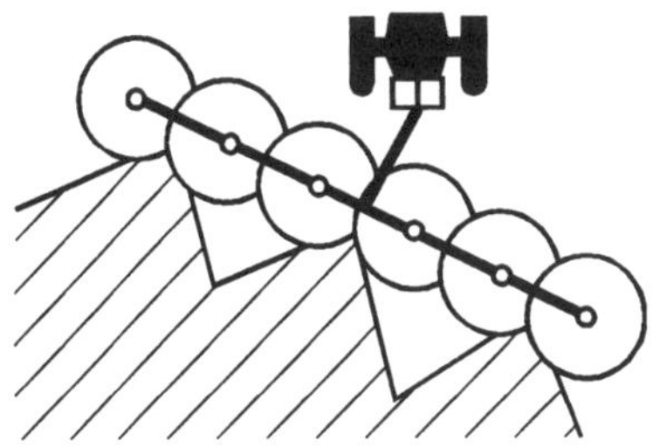

3. Kreiselschwader

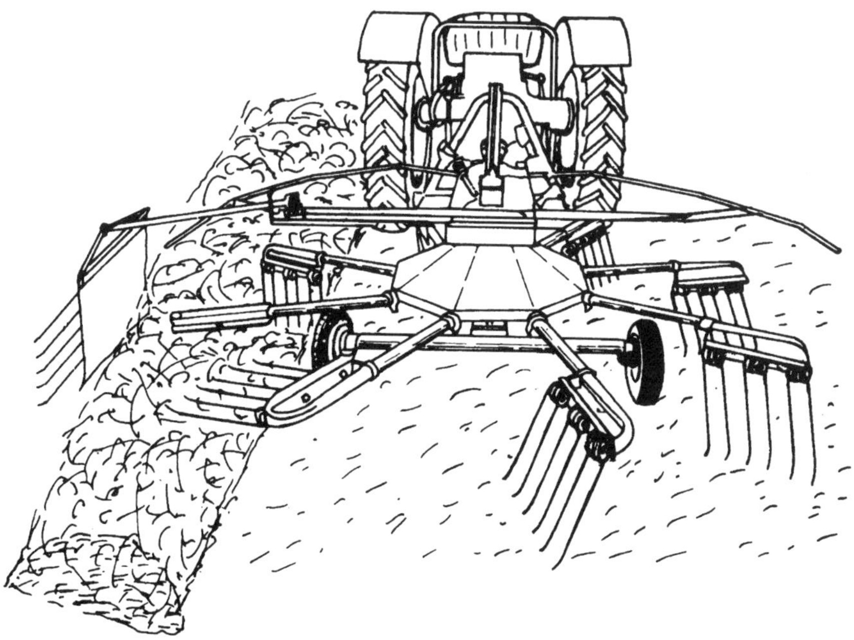

Wie arbeitet der Kreiselschwader?

....

....

....

....

....

....

....

....

....

....

Die Einstellung des Kreiselschwaders ist vom Feuchtigkeitsgehalt des Futters abhängig.

Welche Möglichkeiten der Einstellungen gibt es?

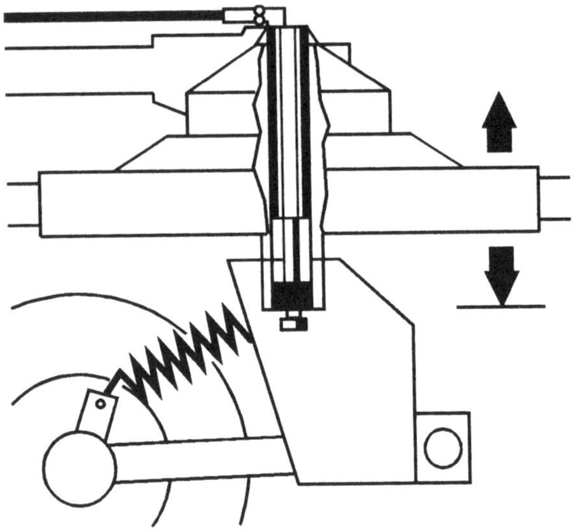

a) ...

b) ...

Worauf ist bei der Einstellung zu achten?

...

Kreiselschwader können unterschiedlich eingesetzt werden.

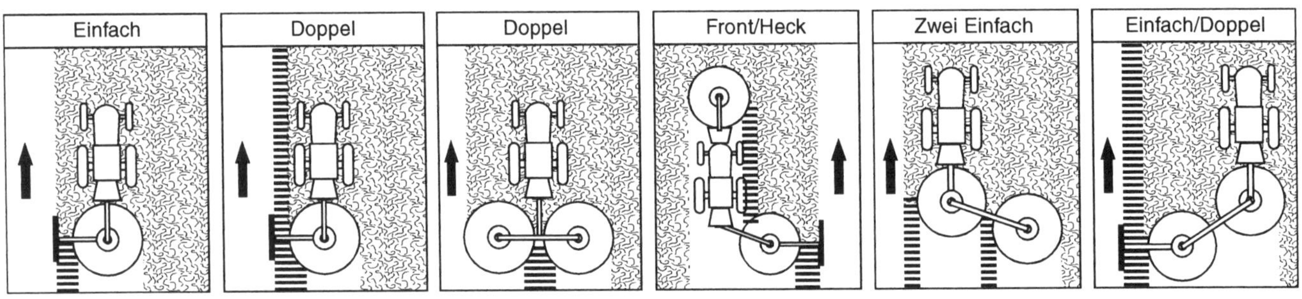

Wie erreicht man eine gute Bodenanpassung?

...

Ladewagen, Feldhäcksler, Pressen

Ladewagen

In Futterbaubetrieben sind Ladewagen unabdingbar. Beschreiben Sie die Aufgaben des Ladewagens und ergänzen Sie die Abbildung.

....

....

Beschriften Sie die Bauteile:

Die Abbildung zeigt eine grobe Einteilung der Bauarten von Ladewagen. Ergänzen Sie diese.

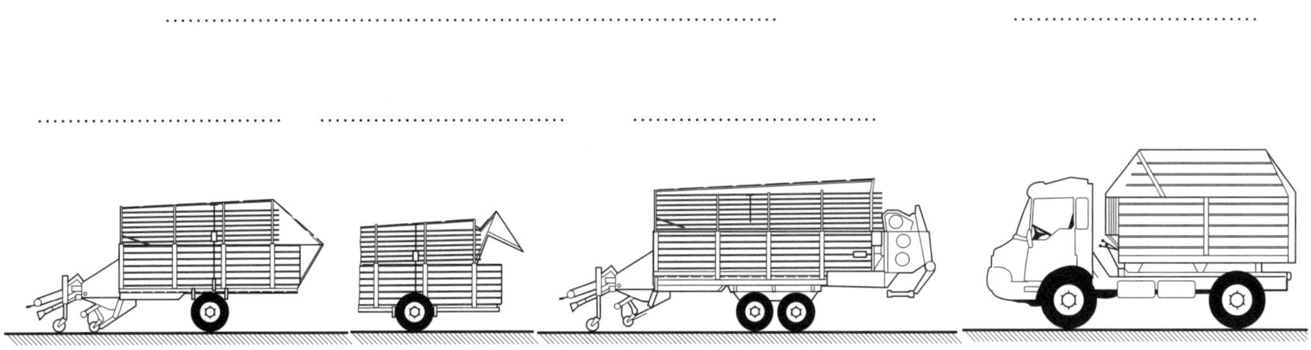

Wozu setzt man den Ladewagen ein?

Das Fassungsvermögen wird angegeben nach DIN oder mittlere Pressung.

1 m^3 DIN entspricht 1,5 m^3 mittlere Pressung.

Rechnen Sie um: 18 m^3 DIN = ... mittlere Pressung

45 m^3 mittlere Pressung = ... DIN

Die Aufnahmetrommel (Pickup) nimmt das Ladegut auf und fördert es in den Förderkanal.

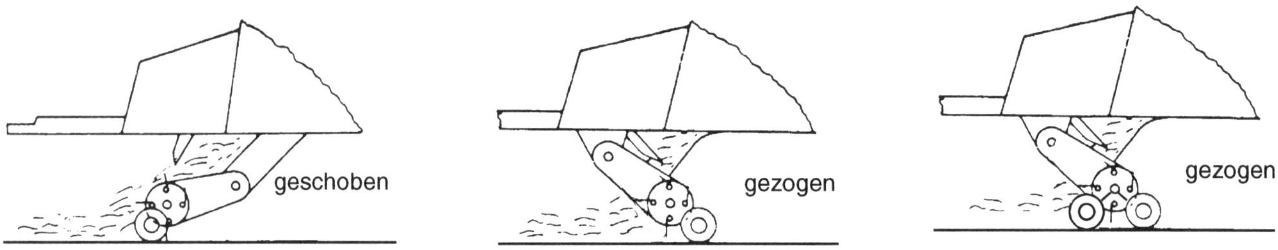

Zeichnen Sie die Fahrt- und Drehrichtung der Pickup ein.

Wie stellt man die Pickup ein, damit sie das Futter sauber aufnimmt?

Bezeichnen Sie die abgebildeten Förderorgane.

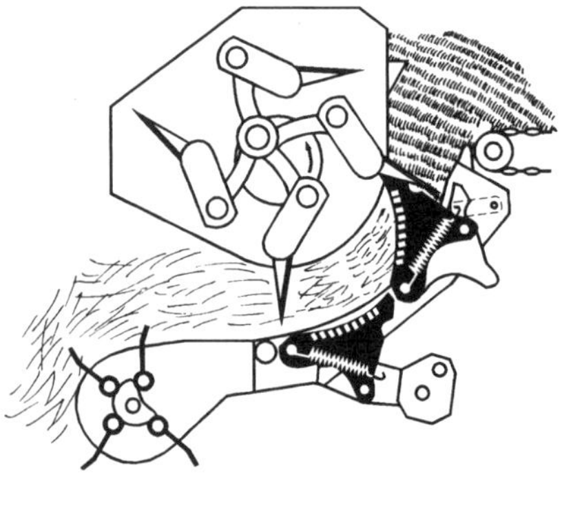

Das Schneiden erfolgt in einer oder zwei Messerreihen. Welche Vorteile bringt das Schneiden?

....

....

Bei welchem Einsatz werden die abgebildeten Messerstellungen verwendet?

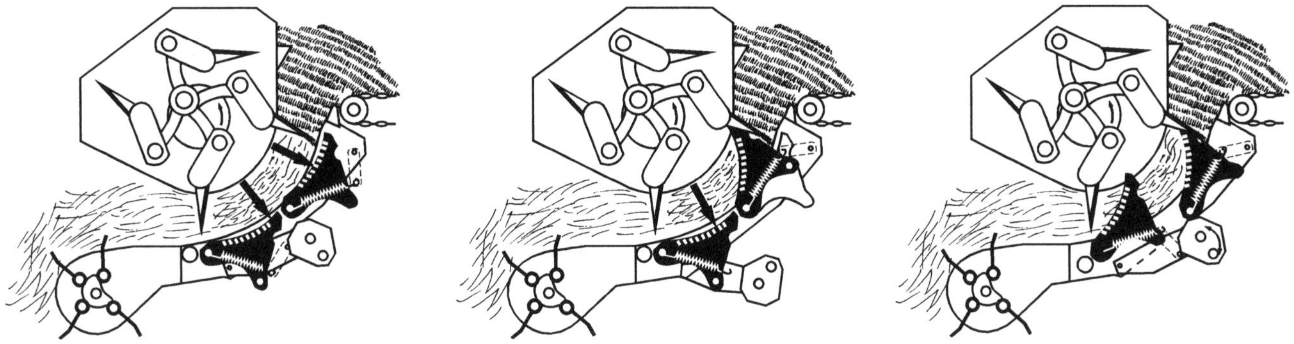

....

Welche Anforderungen werden an das Schneidwerk gestellt?

....

....

Der Kratzboden entleert den Ladewagen.
Wie erfolgt sein Vorschub?

....

....

....

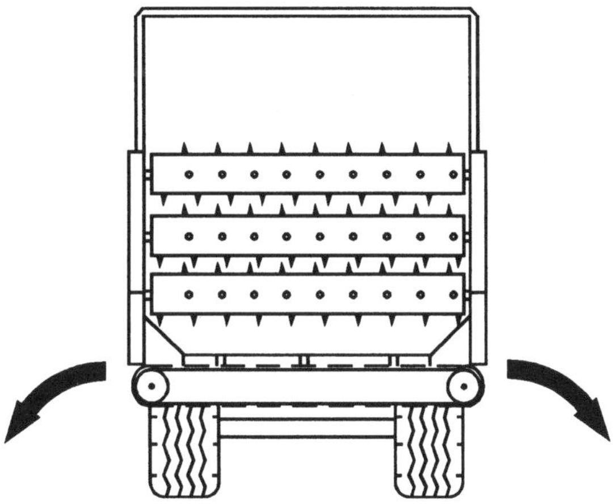

Wie kann zügiges und gleichmäßiges Abladen erreicht werden?

....

....

....

Welche Bereiche können hydraulisch gesteuert werden?

....

....

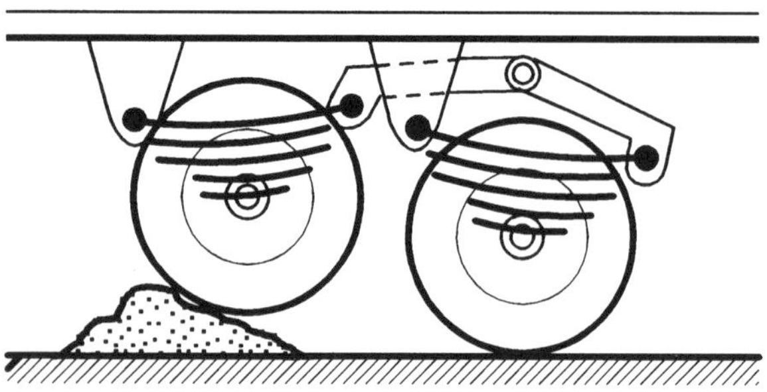

Welche Vorteile bietet die Tandemachse?

....

....

....

....

....

Feldhäcksler

Der Feldhäcksler ist eine Lademaschine. Welche Aufgabe verrichtet er?

a) .... b) .... c) ....

Er eignet sich zum Laden von: ....

Welche Vorteile bringt Häckselgut gegenüber Langgut?

....

....

Bezeichnen Sie die Bauarten und die Bauteile der Häcksler.

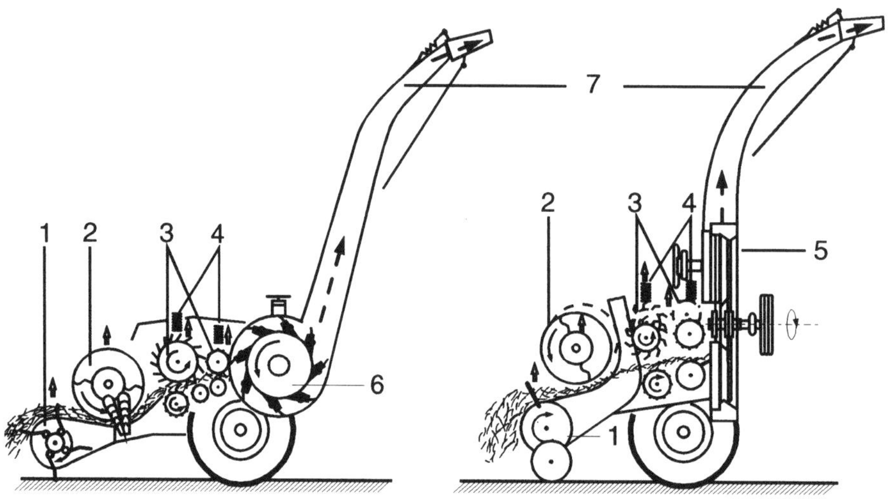

....

1. .... 3. .... 5. .... 7. ....

2. .... 4. .... 6. ....

Nennen Sie gebräuchliche Schnittlängen bei Grünfutter ....

Unter welchen Voraussetzungen arbeiten Häcksler exakt?

a) .... b) ....

Von welchen Faktoren wird die Schnittlänge bestimmt?

a) .... b) ....

Je nach Erntegut und Bodenbeschaffenheit ändert sich der Abstand der Pickup-Trommel zum Boden. Beschreiben Sie den Zusammenhang.

....

....

....

....

....

Welche Funktionen werden in den beiden Abbildungen dargestellt?

....

....

....

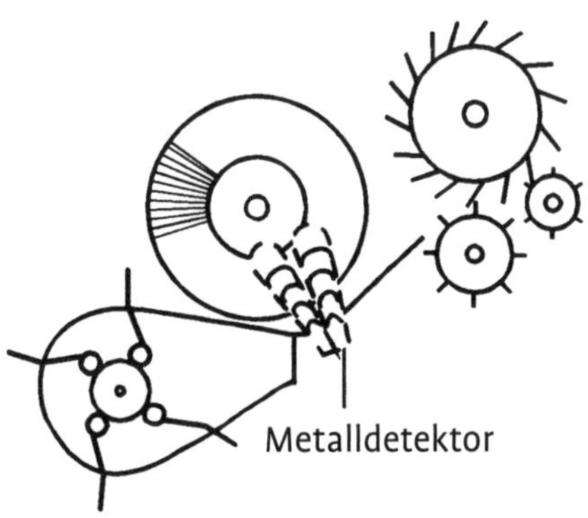

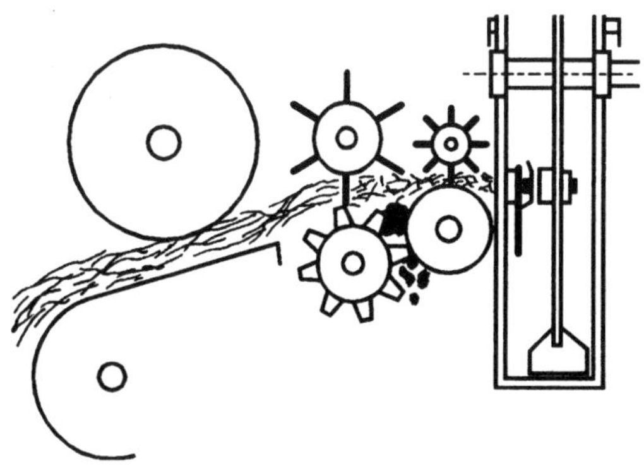

Maishäcksler

Der Maishäcksler ist eine Ernte- und Lademaschine. Welchen Anforderungen muss er gerecht werden?

Bezeichnen Sie die abgebildeten Maschinen

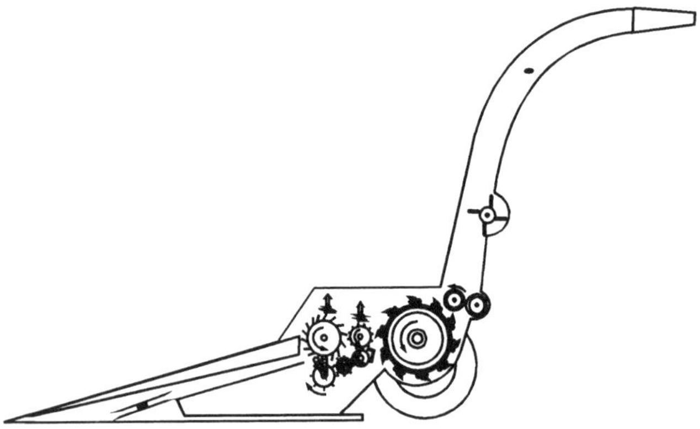

Die Einzugssysteme werden unterschieden in

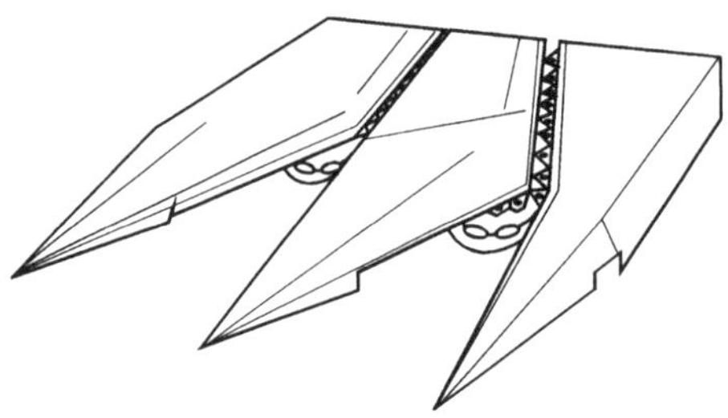

Berichten Sie über die Arbeitsweise

Beschreiben Sie die Unterschiede, die in der Aufnahmekapazität des Scheiben- und Trommelhäckslers bestehen.

Welche Aufgabe hat der Corn-Cracker bzw. der Reibboden?

....

....

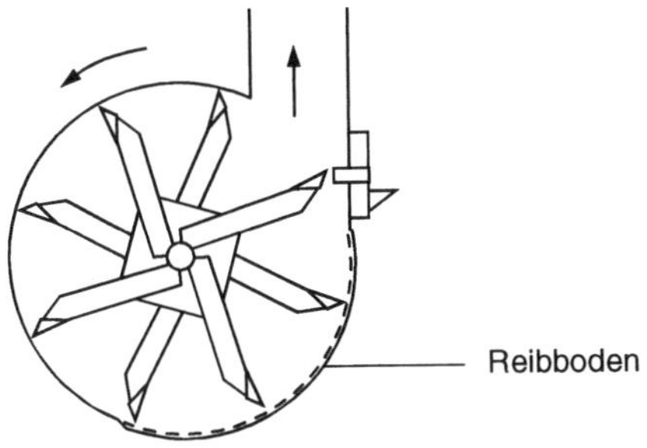

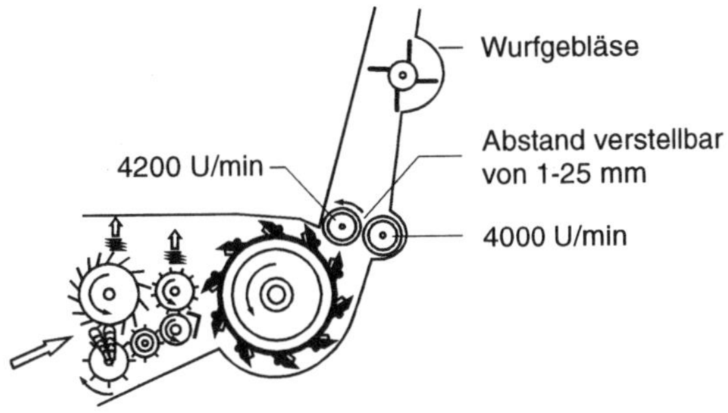

Nennen Sie die gebräuchliche Häcksellänge: ....

Abladeeinrichtung für Raufutter

Das Einlagern von Raufutter soll rasch erfolgen.

Entscheidend für die störungsfreie Arbeit der Abladegeräte ist die gleichmäßige Zuführung des Fördergutes. Welche Möglichkeiten gibt es.

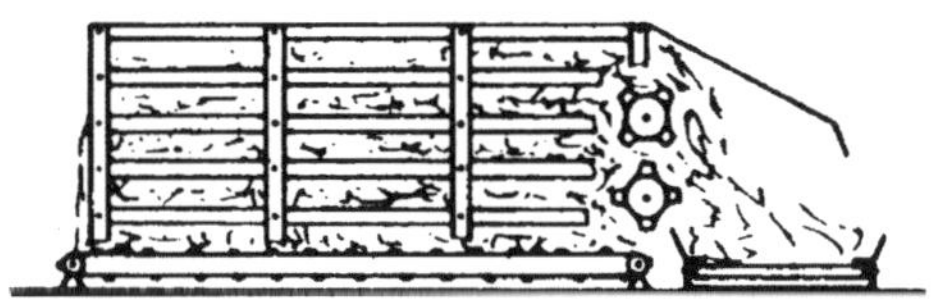

....

Gebläse sollen möglichst futterschonend arbeiten.

Berichten Sie über die Arbeitsweise des abgebildeten Gebläses.

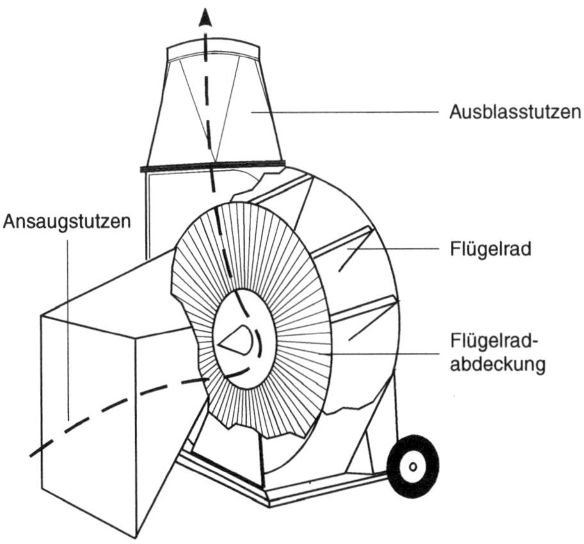

....

....

....

....

....

....

....

....

....

Für eine störungsfreie Arbeit ist die Lage der Rohrleitungen wichtig.

Wie müssen Rohrleitungen verlegt werden, um Verstopfungen zu vermeiden?

....

....

....

....

....

Zeichnen Sie den Weg des Futters ein:

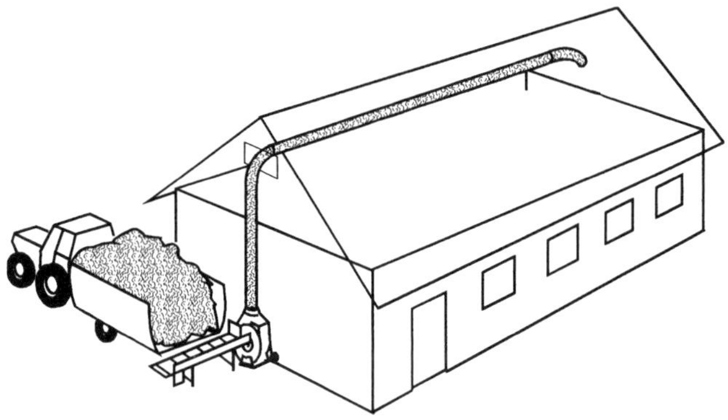

Welche Vorteile bringen Verteileranlagen?

....

....

....

Wonach richtet sich die Leistung der Fördergebläse?

....

....

....

Konservierungstechnik

Die Halmgut-Konservierungsverfahren können wie folgt aufgeteilt werden:

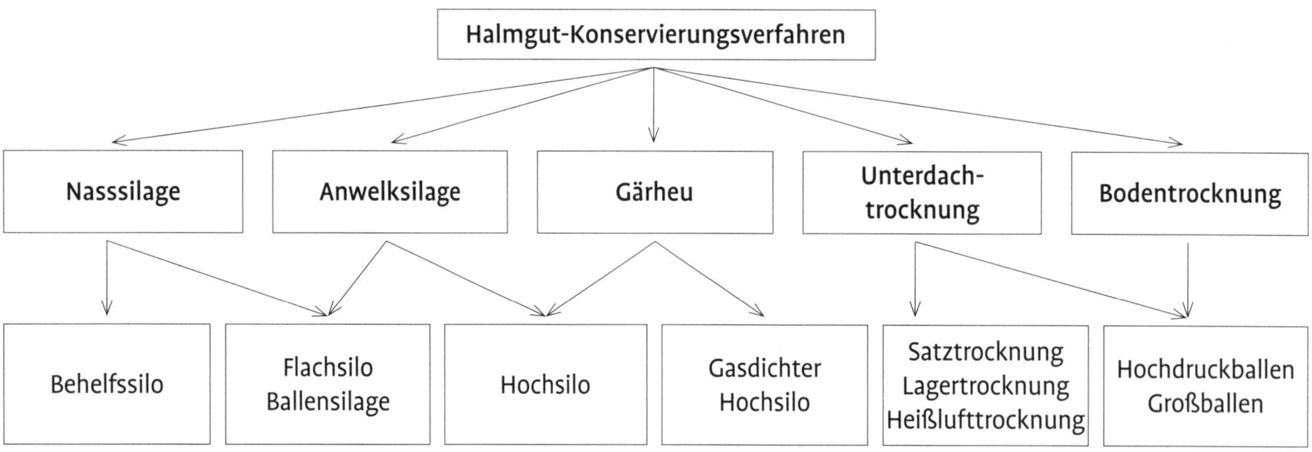

Vor allem in Milchviehbetrieben ist die Anwelksilage eine Hauptkomponente der Grundfutterration.

Unterscheiden lassen sich die Verfahren der Anwelksilage in .... und ....

Pressen

Welche Vorteile bietet die Ballenpresse?

....

....

Unterschieden werden die Ballen nach Größe und nach Dichte.

1. Hochdruckpressen

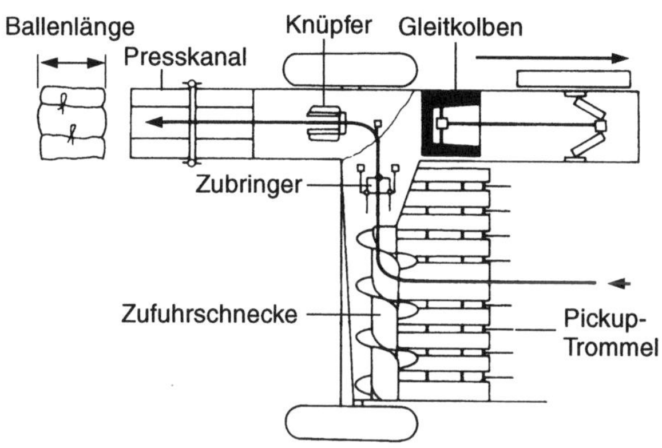

Beschreiben Sie den Pressvorgang.

....

....

....

....

....

....

....

2. Packerpressen

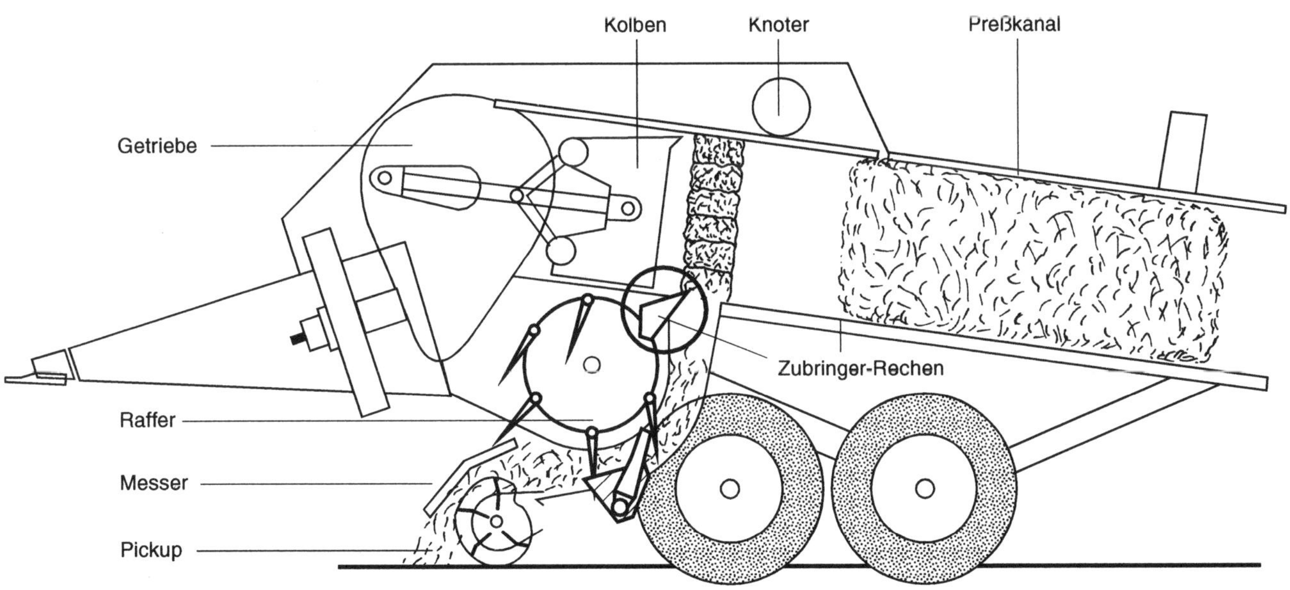

Welche Faktoren beeinflussen die Ballengröße?

a) .... b) ....

Großballen werden meist verkauft, deshalb ist ein einheitliches Maß erforderlich.

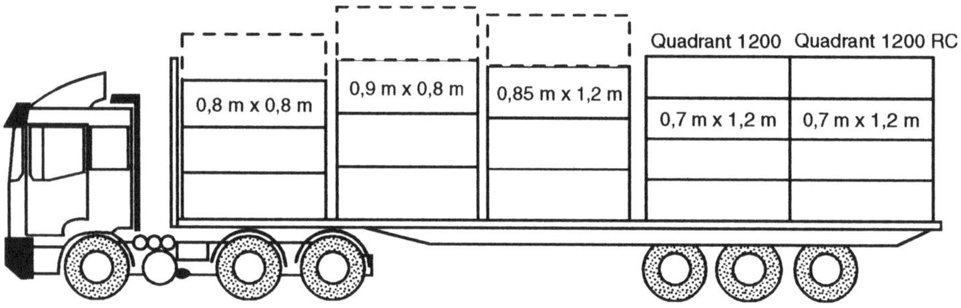

Maße: 0,8 m – 1,20 m breit
0,5 m – 1,20 m hoch
2,0 m – 2,80 m lang

Beschreiben Sie den Bindevorgang bei der Packpresse.

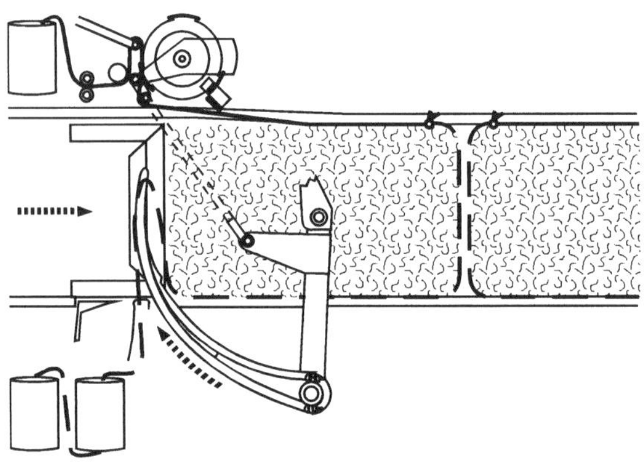

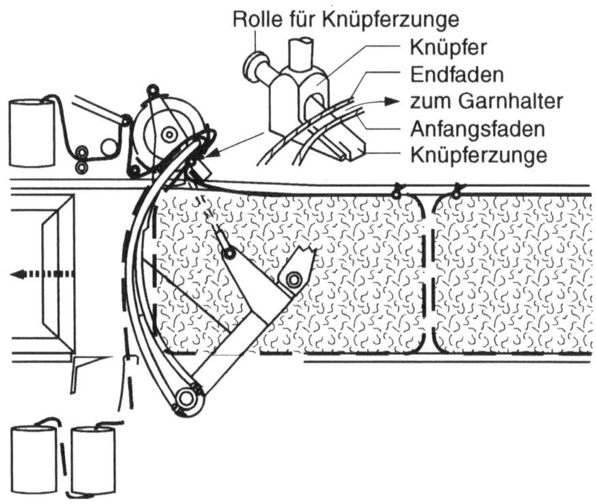

....

....

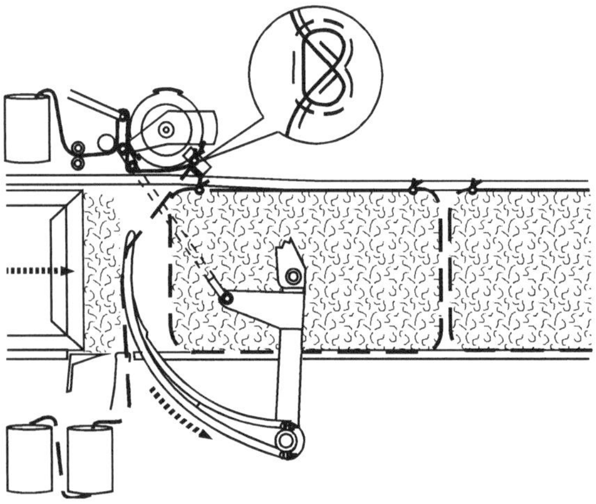

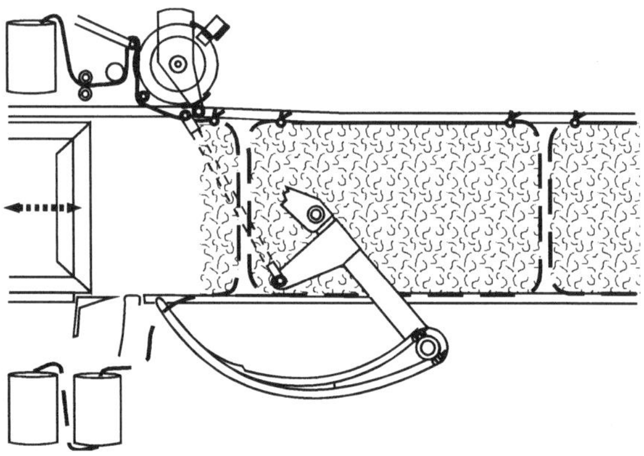

....

....

Berichten Sie über den Transport und die Lagerung der Rundballen.

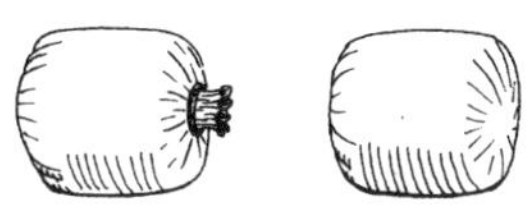

3. Rundballenpressen

Die Rundballenpressen werden in zwei Systeme unterschieden. Benennen Sie diese.

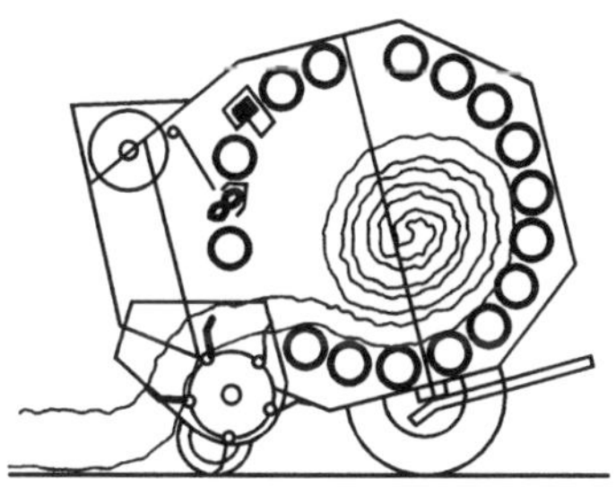

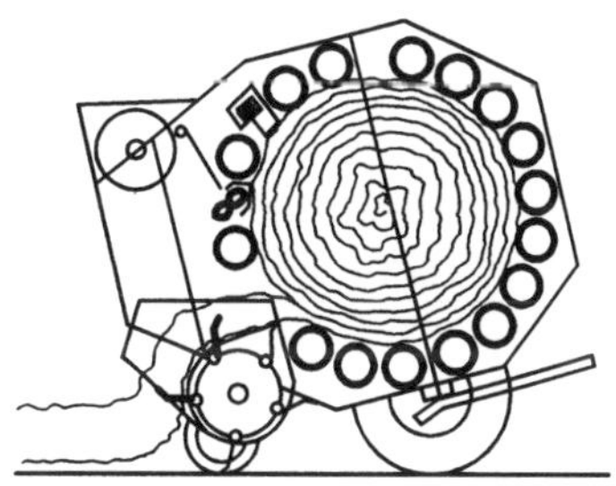

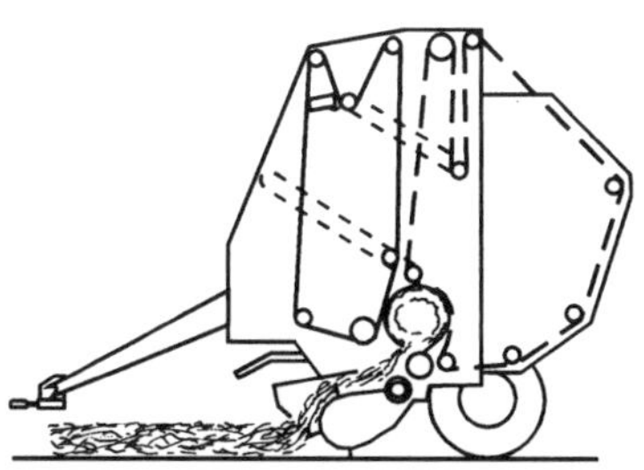

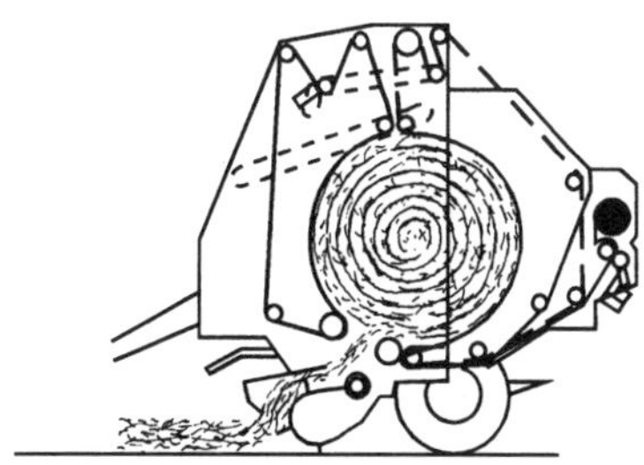

Welche Unterschiede bestehen im System der Rundballenpressen?

a) in der Bauart

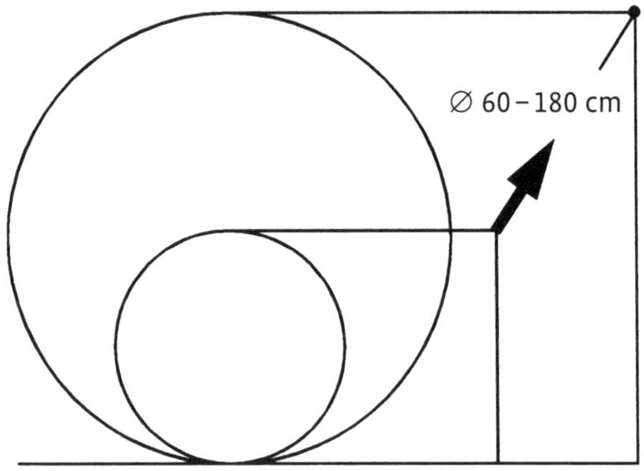

b) in der Arbeitsweise

Welche Vorteile bringt das Schneiden des Futters?

Siloverfahren

Vor Einlagerung des Futters in Silos sollte dieses ....
Anzustreben ist dabei ein Trockensubstanzgehalt von 35 bis 50 %. Dies unterstützt den Silierprozess.

Bezeichnen Sie die dargestellten Flachsiloanlagen:

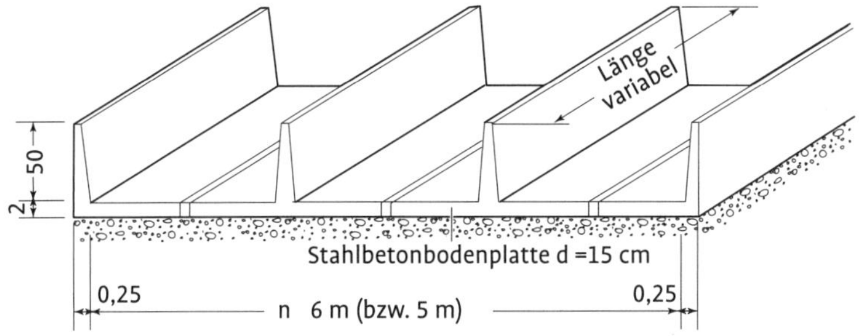

....

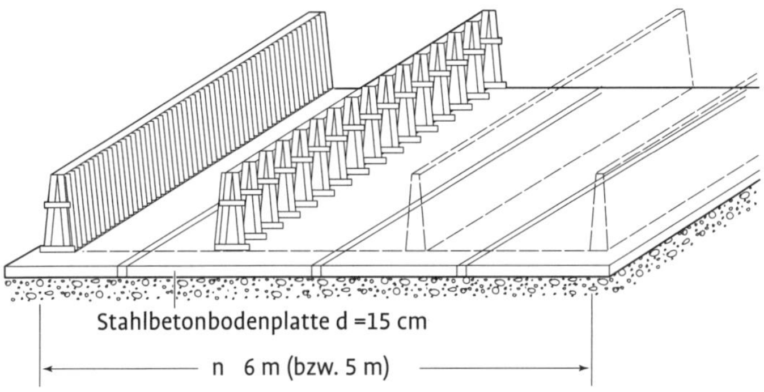

....

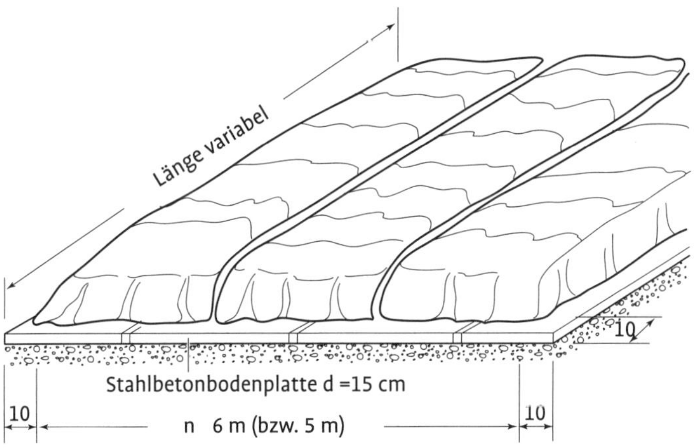

....

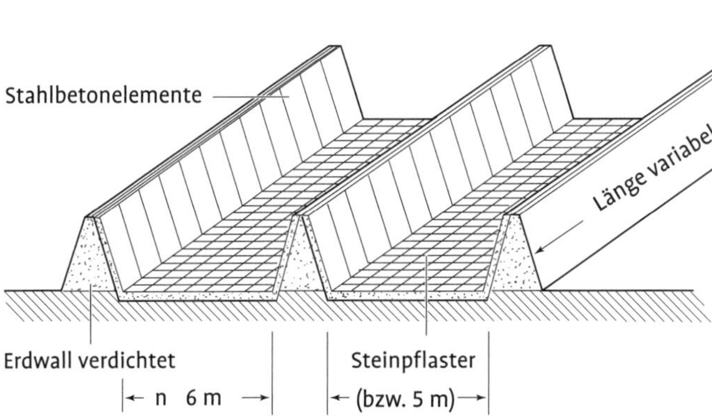

....

Die Futterentnahme aus dem Flachsilo kann erfolgen über ....

.... Ziel ist einerseits eine ....

.... sowie die Vermeidung von Verlusten bedingt durch ....

Von Silos geht bei unsachgemäßer Errichtung und Betrieb eine Gefahr für die Umwelt aus.
Beschreiben Sie die Gefahrenquellen und wie sie entstehen. Wie können sie vermieden werden?

Welche Anforderungen werden daher an die Errichtung von Silos gestellt?

Technik der Rindvieh- und Schweinehaltung

Elektrischer Weidezaun

Beschreiben Sie die Hütewirkung des elektrischen Zauns.

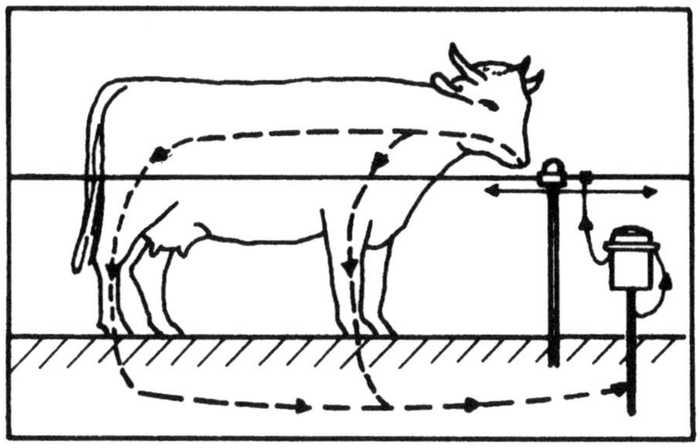

....

....

....

....

....

....

....

Welche Sicherheiten müssen gegeben sein, damit für Tiere keine Schädigungen auftreten?

....

....

....

....

....

Beschreiben Sie die Arbeitsweise des elektrischen Weidezaunes.

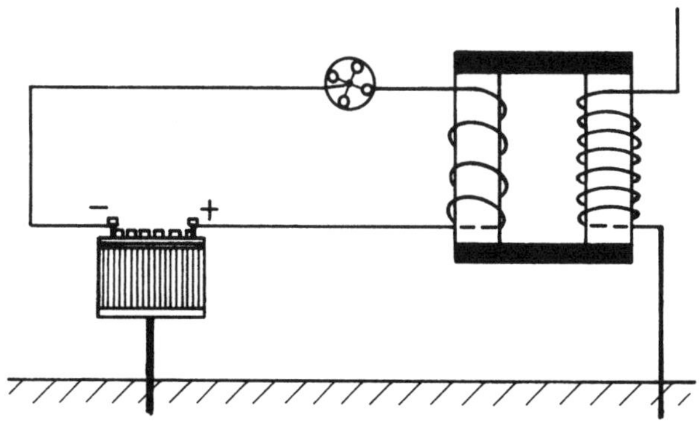

....

....

....

....

....

....

....

....

....

Welche Arten der Stromversorgungsgeräte gibt es?

a) ……………………………………………………………………

b) ……………………………………………………………………

Bei Batteriegeräten werden zwei Arten unterscheiden. Welche sind das und wie unterscheiden sie sich?

……………………………………………………………………

……………………………………………………………………

……………………………………………………………………

……………………………………………………………………

……………………………………………………………………

Worauf ist beim Aufstellen des Weidezauns zu achten?

……………………………………………………………………

……………………………………………………………………

……………………………………………………………………

……………………………………………………………………

……………………………………………………………………

……………………………………………………………………

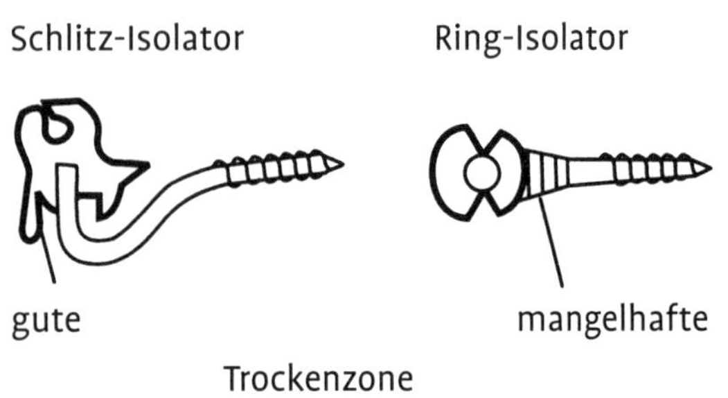

Nach DIN- und VDE-Vorschriften gelten folgende Werte für

Spannung ……………………………………

Impuls ……………………………………

Stromstärke ……………………………………

Pause ……………………………………

Melktechnik

Welche Aufgaben haben Melkanlagen?

....

....

....

Bezeichnen Sie die Anlagen und die Bauteile.

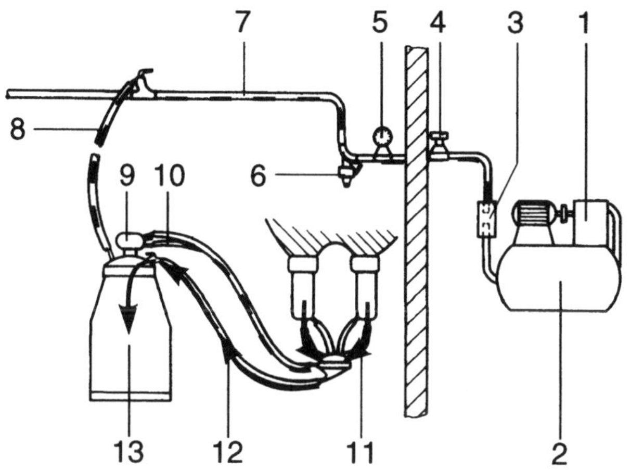

a) ....

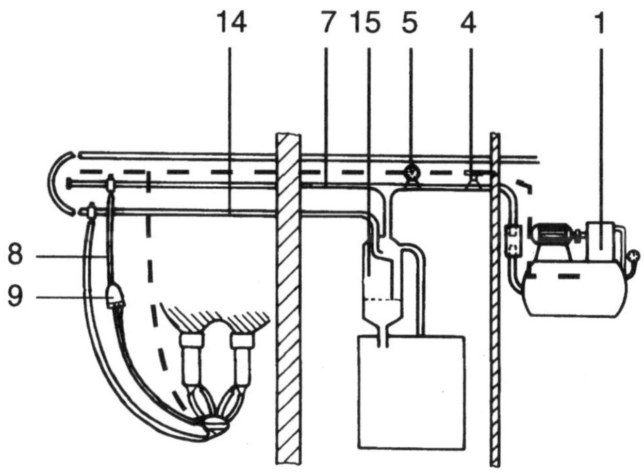

b) ....

Zeichnen Sie die Unterdruckleitungen blau, den Milchfluss rot ein.

1	6	11 ....
2	7	12 ....
3	8	13 ....
4	9	14 ....
5	10	15 ....

Unterdruckpumpe

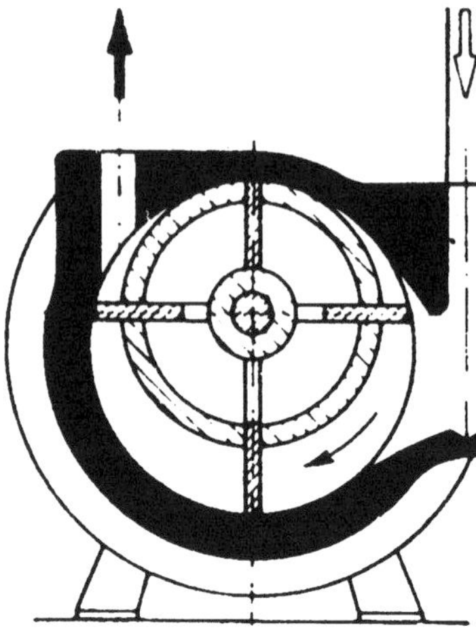

Benennen Sie die abgebildete Pumpe und beschreiben Sie ihre Arbeitsweise.

Forderung an die Luftleistung der Vakuumpumpe:

Basiswert für Eimeranlage:

Basiswert für Absauganlage:

Welche Aufgaben hat der Pulsator?

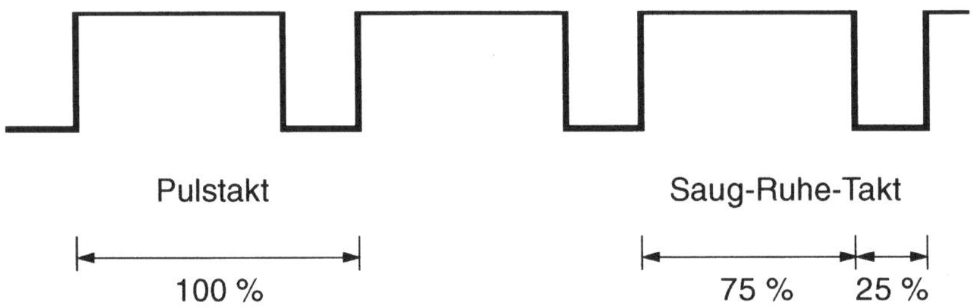

Bezeichnen Sie die Rhythmen des Pulstaktes und machen Sie eine Aussage über die Länge der Phasen:

a)

b)

Die Pulsatoren werden nach Art der Steuerung unterschieden. Nennen Sie diese.

Welche Anforderungen werden an Pulsatoren gestellt?

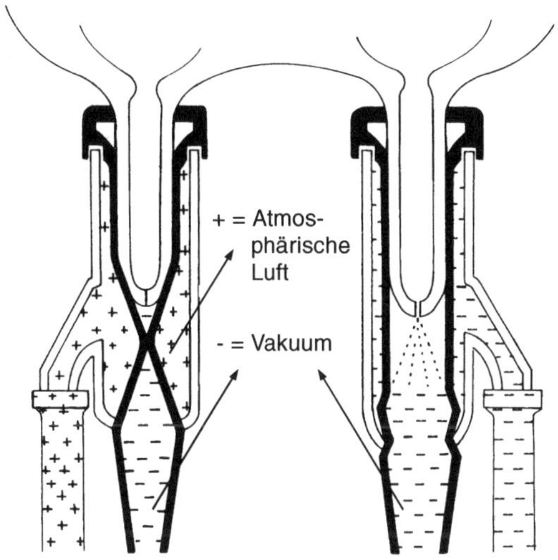

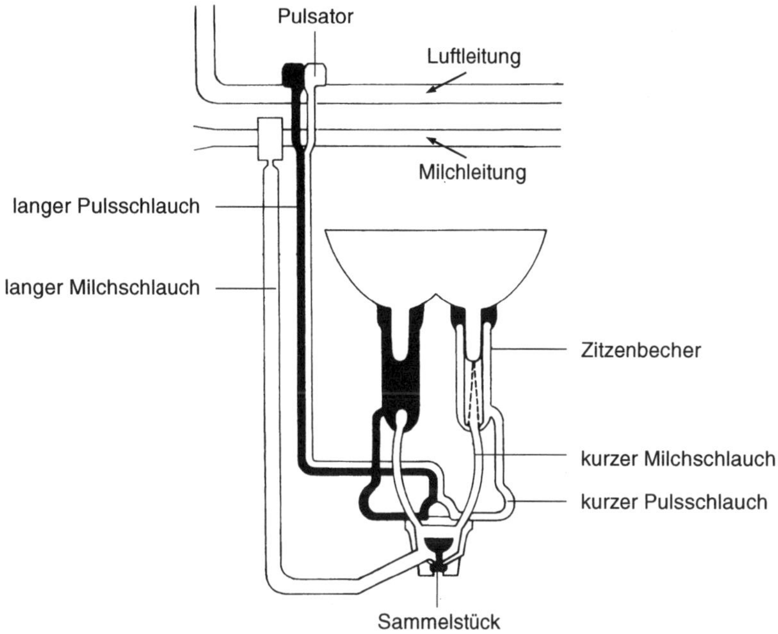

Erklären Sie die Arbeitsweise des Zitzenbechers.

Beim Melkvorgang werden unterschiedliche Verfahren angewandt. Erklären Sie die Begriffe.

a) wechselseitiges Melken

b) Gleichtaktmelken

Anrüsten und Ausmelken sind entscheidend bei der Melkarbeit.

Wie können sie technisch durchgeführt werden?

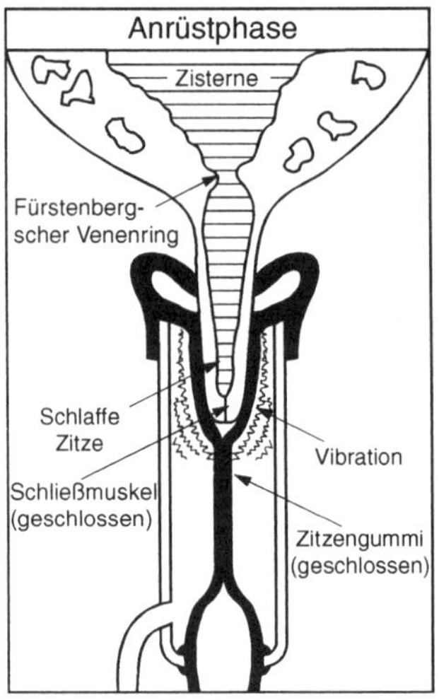

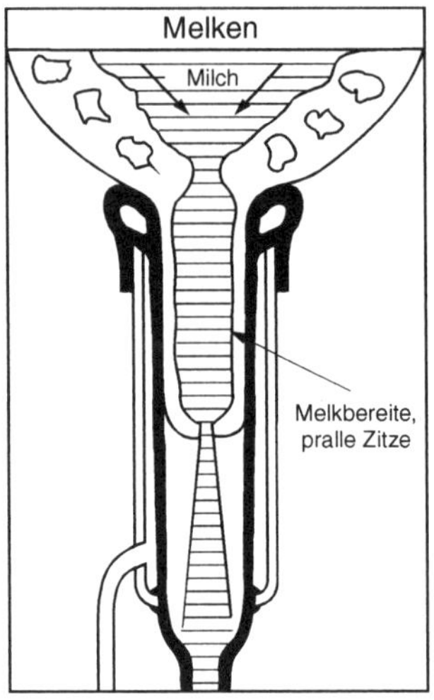

....

....

....

....

....

....

....

....

....

Regelventile

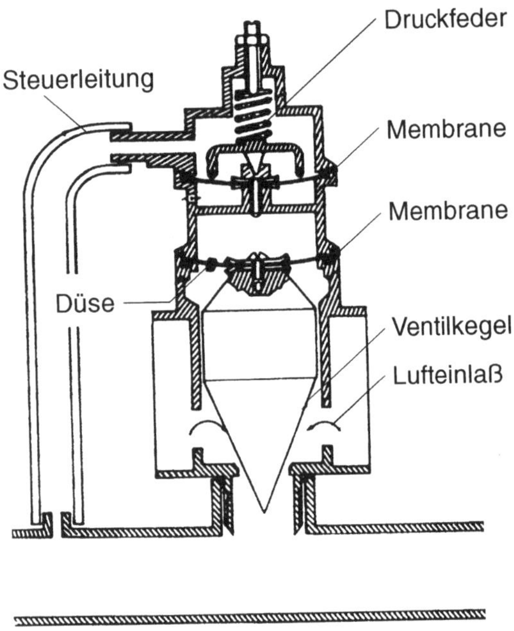

Welche Aufgabe hat das Regelventil?

....

....

....

Nach welchem Prinzip arbeitet das abgebildete Regelventil?

....

....

....

....

Welche Wartungsarbeiten sind nötig?

....

....

....

Erklären Sie die Bedeutung der Isoliermuffe:

....

....

....

Der Abtransport der Milch vom Euter in die Kühlwanne erfolgt über Rohrleitungen. Vorteilhaft ist es, wenn die Milch im natürlichen Gefälle abfließen kann. Welche Probleme können entstehen, wenn Rohre hoch verlegt werden?

1. ....

....

2. ....

....

3. ....

....

Bezeichnen Sie die dargestellten Möglichkeiten der Abhilfe

a)

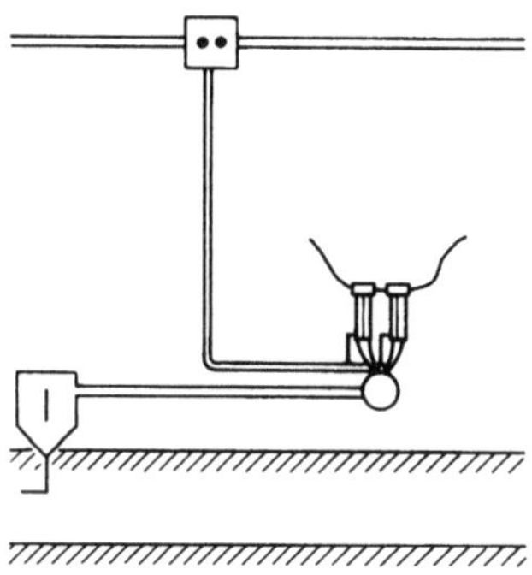

b)

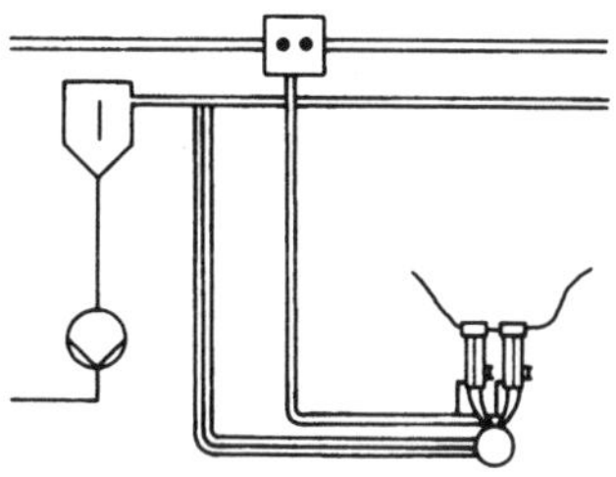

c)

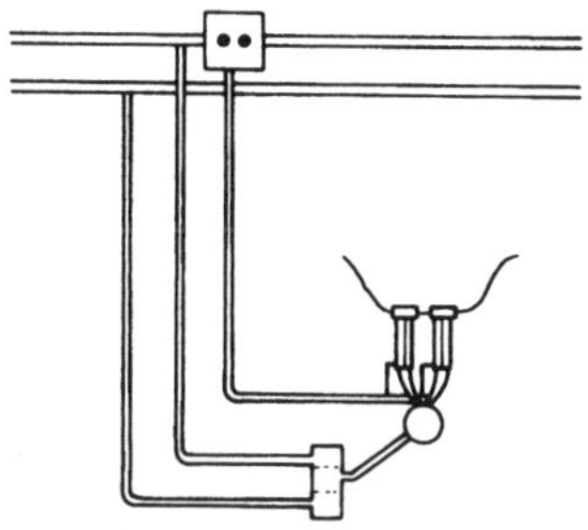

a) ....

....

b) ....

....

c) ....

....

Welche milchhygienischen und arbeitswirtschaftlichen Vorteile bietet der Melkstand?

....

....

....

....

....

....

....

....

Bezeichnen Sie die abgebildeten Melkanlagen.

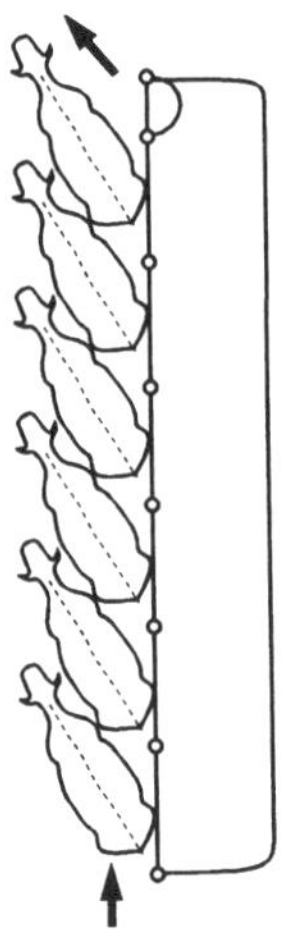

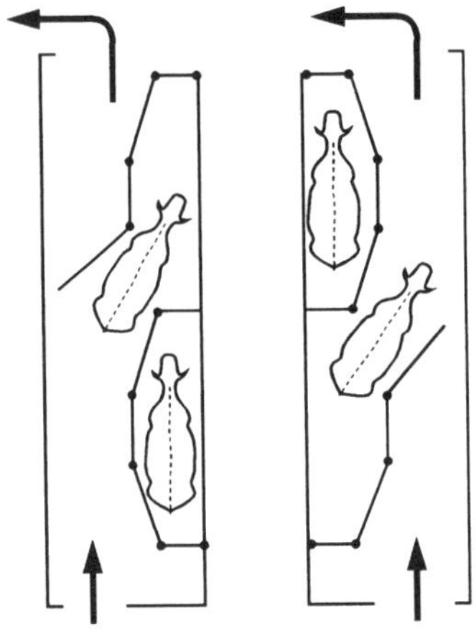

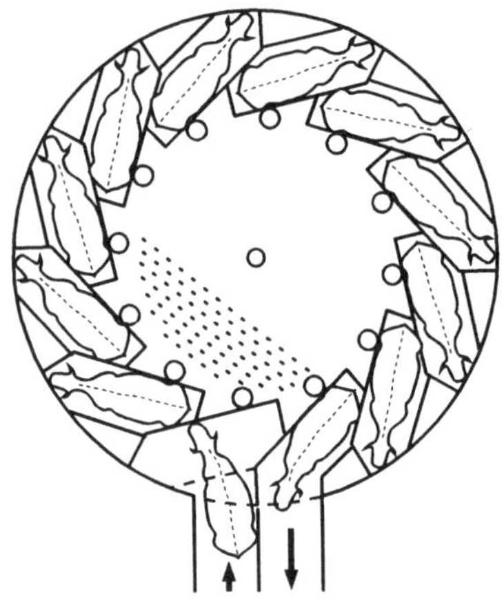

a) ....   b) ....   c) ....

Beurteilen Sie die einzelnen Melkstände:

a) ....

....

b) ....

....

c) ....

....

Welche Kontrollen der Melkanlage sind nötig?

....

....

....

....

....

....

Welche Faktoren bestimmen Reinigung und Desinfektion der Melkanlage?

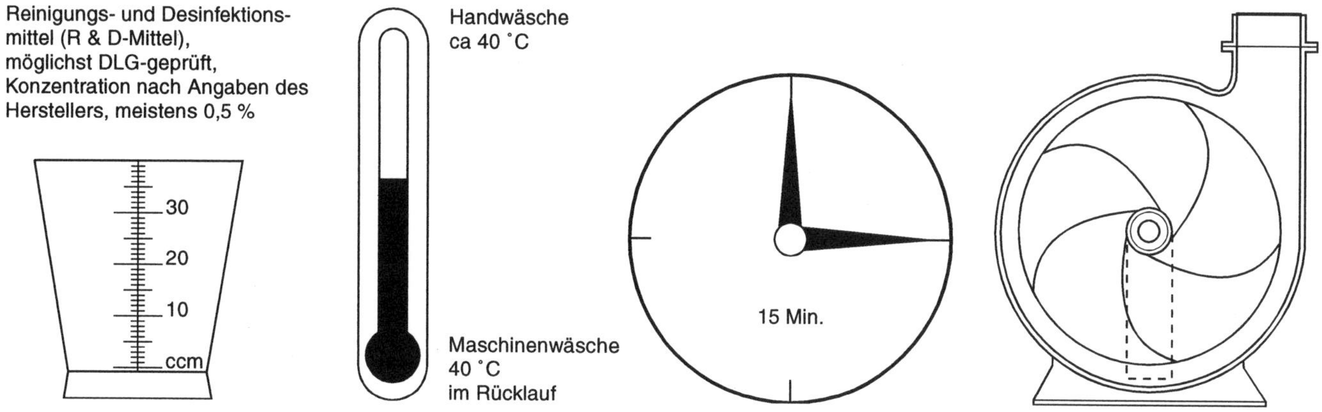

Wie erfolgt die Reinigung der Rohrmelkanlage?

Milchkühler

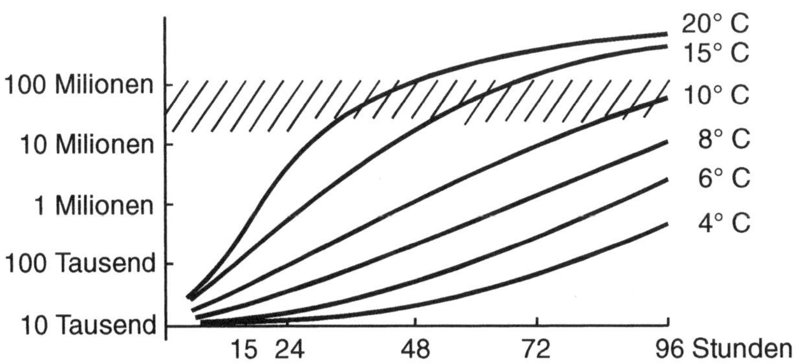

Die Abbildung zeigt die Keimzahlen bei verschiedenen Milchtemperaturen. Welche Folgerung ergibt sich daraus?

Bezeichnen Sie die Bauteile eines Kühlaggregates:

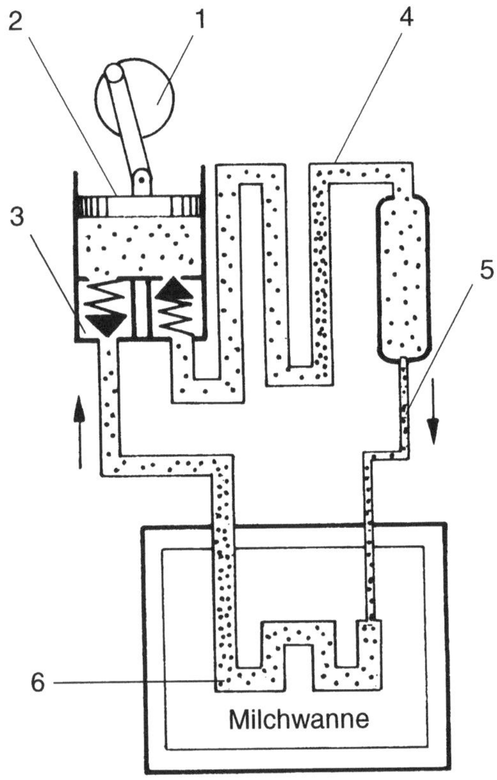

Zeichnen Sie den Kreislauf des Kältemittels dampfförmig rot, flüssig blau ein. Beschreiben Sie den Kühlvorgang.

Die gewünschte Kühltemperatur wird über einen Thermostaten geregelt.

Beschreiben Sie die abgebildeten Kühlsysteme:

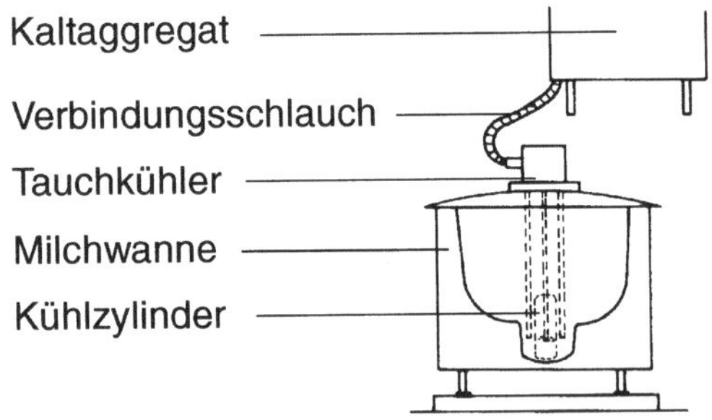

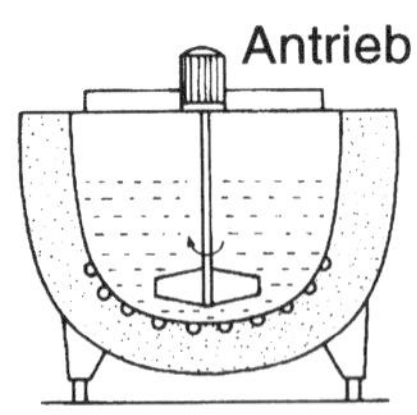

a)

b)

Milchkühlung und Warmwasserbereitung können miteinander gekoppelt werden = Wärmerückgewinnung.

Milchtank ⟶ Wärmepumpe ⟶ Wasserspeicher

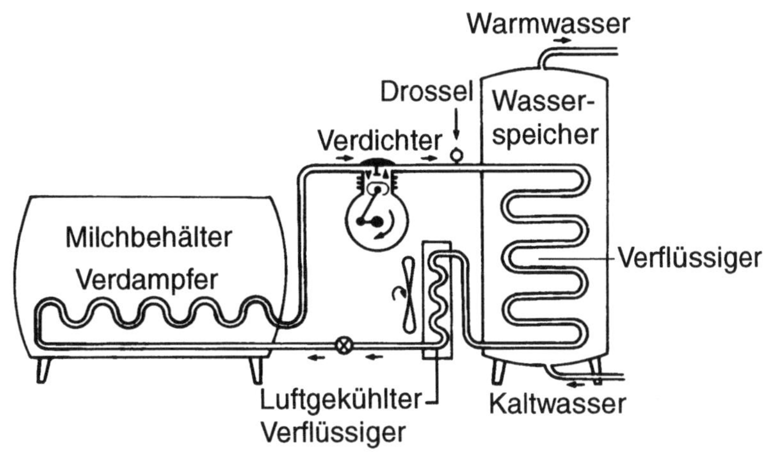

Beschreiben Sie den Vorgang:

...

...

...

...

...

...

...

Landwirtschaft 4.0 – Smart Farming

Die Digitalisierung ist ein Prozess, der bereits seit Jahren in der Landwirtschaft stattfindet und in seinem Umfang und seiner Innovation seinesgleichen sucht. Er hat das Potenzial landwirtschaftliche Betriebe ökologisch und ökonomisch voran zu bringen.

Datenflüsse in der Landwirtschaft

Ergänzen Sie die Darstellung!

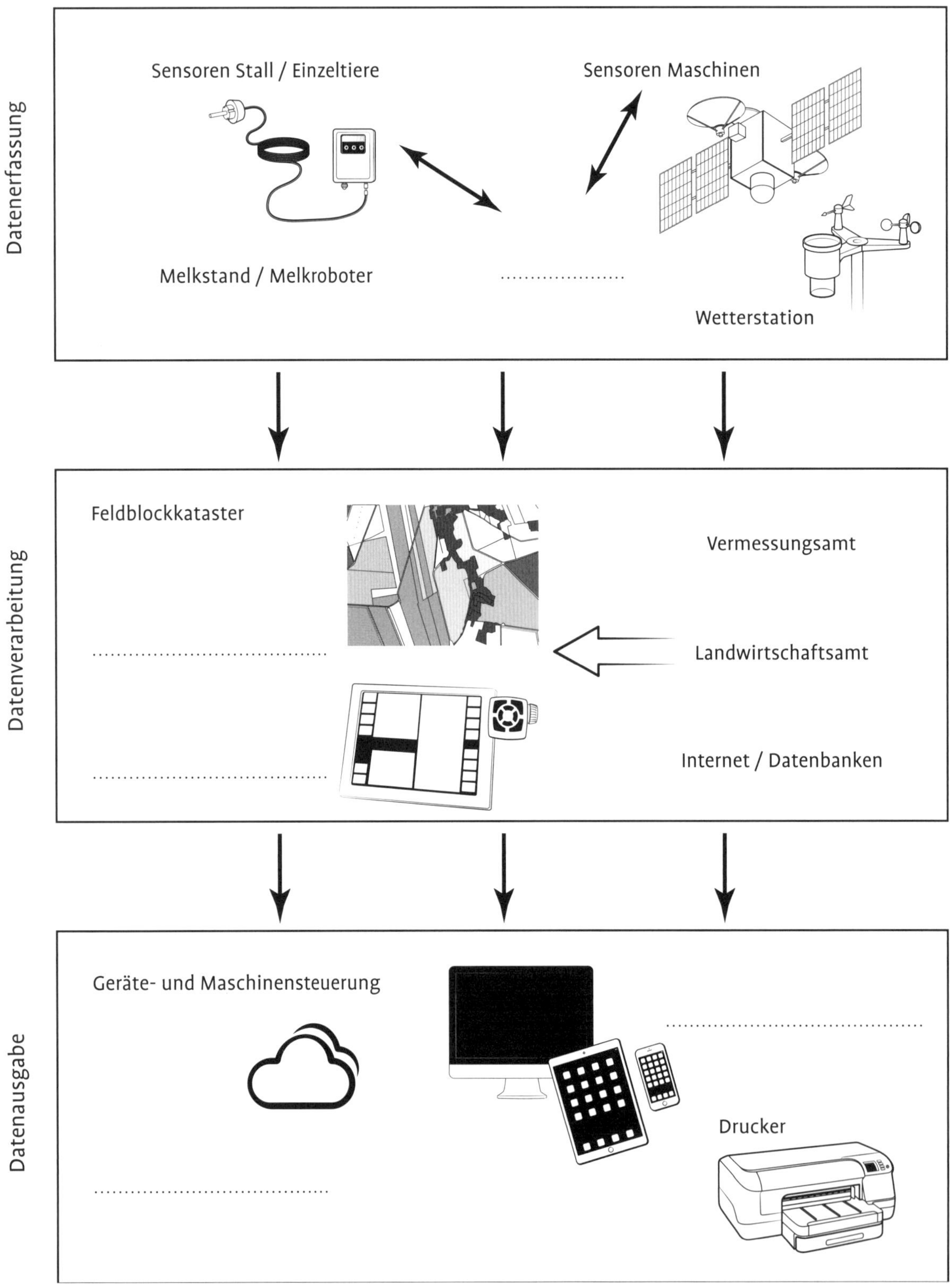

Smart Farming und Precision Farming

Unter **Smart Farming** versteht man die Anwendung von Informations- und Datentechnologie zur Optimierung komplexer Systeme in der Landwirtschaft. Die Vernetzung von intelligenter Landtechnik und moderner Datentechnologie ermöglicht einen an den Standort angepassten Pflanzenbau sowie einen effizienten Produktionsprozess und unterstützt den Landwirt bei Entscheidungen.

Im Gegensatz zu Smart Farming wird **Precision Farming** nur in Teilbereichen der Produktion – zum Beispiel in der Düngung – eingesetzt.

Nennen Sie Vor- und Nachteile von Smart Farming.

Vorteile:

....

....

....

....

....

Nachteile:

....

....

....

....

....

Was sind die Voraussetzungen für die Nutzung von Smart Farming-Lösungen?

....

....

....

Im Zusammenhang mit Landwirtschaft 4.0 wird häufig von der Cloud gesprochen. Was ist die Cloud?

....

....

....

Voraussetzung für Landwirtschaft 4.0 ist Big Data – eine große und schnelllebige Datenmenge, welche nur mit komplexen Softwarelösungen verarbeitet und genutzt werden kann.

Big Data ermöglicht:

....

....

....

....

Nennen Sie Beispiele für die Nutzung von Big Data im Rahmen der Landwirtschaft 4.0 in der Landwirtschaft:

....

....

....

....

....

....

....

Neben Sensoren an Maschinen können zusätzlich aktuelle Daten zum Beispiel mit Hilfe von Drohnen erfasst werden. Zu den Einsatzgebieten von Drohnen zählen:

....

....

....

....

....

In der Regel werden Drohnen aus kohlenstofffaserverstärktem Kunststoff gebaut, weil dieser ein .... Eigengewicht hat und .... ist.

Beschriften Sie die Bauteile einer Drohne.

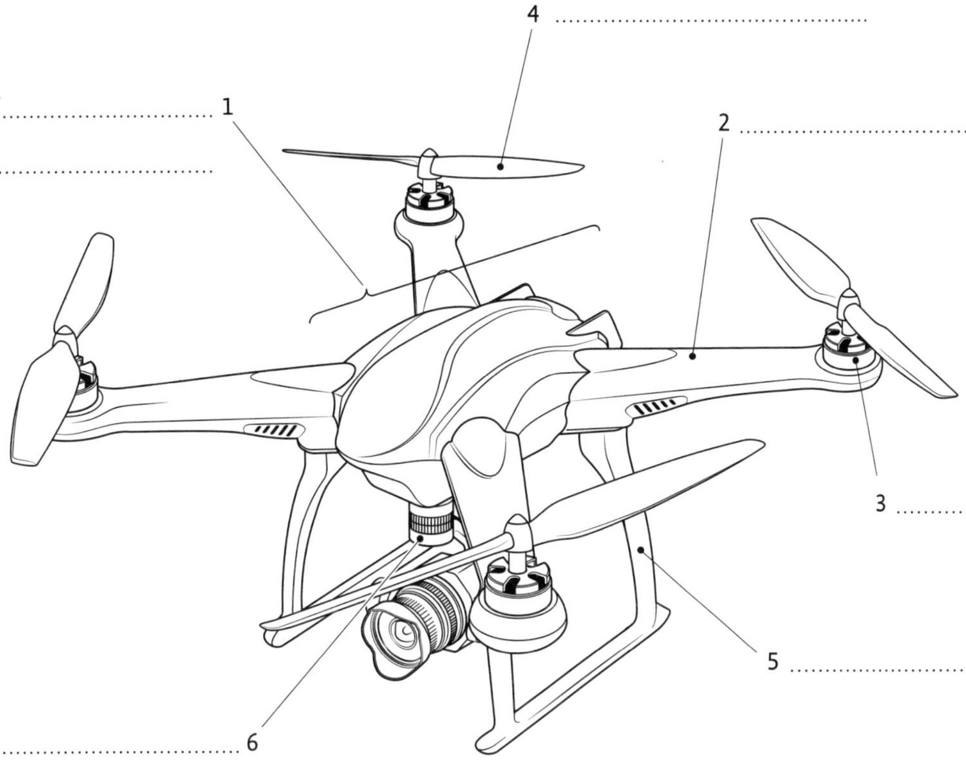

.... 1
....

.... 6

Drohnen haben abhängig vom Gewicht .... Rotoren. Sie können direkt gesteuert werden oder auch autonom vorher festgelegte Aufgaben erledigen.

Die Reichweite einer Drohne ist abhängig von:

....

....

....

....

Welche rechtlichen Vorgaben müssen beim Einsatz von Drohnen berücksichtigt werden?

....

....

....

....

Hier können Sie weiterlesen:

Arbeitsblätter Ackerbau.
Juliane Barten.
2., aktualisierte Auflage 2019.
144 Seiten, 138 sw-Zeichnungen,
39 Tabellen, kart.
ISBN 978-3-8186-0724-1.

Die Arbeitsblätter Ackerbau können Sie vielseitig einsetzen - als Lernkontrolle, Lernhilfe und Unterrichtsmittel. Egal ob Schüler oder Lehrer - mit den Arbeitsblättern können Sie gezielt Ihr Wissen vertiefen, Erlerntes wiederholen oder kontrollieren. Viele Tabellen und Abbildungen zum Thema ermöglichen ein abwechslungsreiches und ganzheitliches Lernen zu den Themen: Standortfaktoren, Pflanzenernährung und Düngung; Unkrautbekämpfung und Pflanzenschutz; Anbau von Getreide, Raps, Mais und Hackfrüchten; Feldfutterbau und Futterkonservierung.